벗어라!

벗어라!

초판 1쇄 발행 2024년 6월 23일

지은이 이치운
펴낸이 장길수
펴낸곳 지식과감성#
출판등록 제2012-000081호

교정 이주연
디자인 강샛별
편집 강샛별
검수 김나현, 정윤솔
마케팅 김윤길, 정은혜

주소 서울시 금천구 벚꽃로298 대륭포스트타워6차 1212호
전화 070-4651-3730~4
팩스 070-4325-7006
이메일 ksbookup@naver.com
홈페이지 www.knsbookup.com

ISBN 979-11-392-1935-7(03810)
값 17,000원

이 책은 부산문화재단 지원으로 출간된 책입니다.

지식과감성#
홈페이지 바로가기

벗어라!

이치운 지음

끈질긴 욕망의 사슬도,

좁디좁은 편견의 겉옷도,

사람 노릇 하느라 부득이 걸쳐 입은

누더기 같은 것들을 모두

지식과감성#

목차

1부 벗어라!

2부 정(情)을 탐하다

3부 사유란

4부 CPR

5부 조수, 삶을 읽다

6부 운림산방(雲林山房)

1부

벗어라!

벗어라!

밤사골 초입이다. 집에서 이십여 분을 차로 달리면 달궁에 도착한다. 이 길을 지나가는 사람은 누구나 도로 표지판에 나온 지명을 보면 고개를 주억거릴 것이다. '아! 이래서 뱀사골이구나!' 하고 말이다.

길과 계곡은 지리산에 살던 큰 뱀이 꼬리를 치고 노고단 정상을 향해 몸을 비틀어 치달았던 것처럼 구불하다. 내가 잠시 거주하고 있는 삼화 마을은 꼬리처럼 가느다랗고 노고단 정상은 뭉툭한 머리를 쳐들고 하늘로 승천하려는 영락없는 이무기의 형상이다. 고속도로보다 구불구불한 시골길을 운전하는 것이 사람의 마음 한편을 느긋하게 해 준다.

정령치 초입에 들어서니 노고단 쪽에서 여우비가 제법 온다. 매연과 쓰레기로 몸살을 앓고 있는 나무와 산짐승들을 보호하려는 것처럼 빗줄기는 꼿꼿이 몸을 세워 창과 화살을 만들어 계곡으로 들어오는 자동차를 향해 날려 보지만 속수무책이다.

지리산은 서쪽 중봉과 천왕봉을 거쳐 동쪽 바래봉까지 1,500m가 넘는 열세 개의 큰 봉우리를 품고 있다. 높은 산들을 마주하고 있는 정령치 또한 범상치 않은 기운이 느껴진다. 골(汨) 깊은 계곡은 구름을 등에 업고 등성이를 내달린다.

정령치라는 이름의 유래가 깊다. 서산대사가 쓴 《황령암기(黃嶺庵記)》에 따르면 마한의 왕이 진한과 변한의 침략을 막으려고 정씨 성을 가진 장군에게 성을 쌓아 지키게 했다고 한다. 유래야 어떻든 산 아래로 펼쳐진 계곡을 내려다보면 신령스러운 뭔가가 금방이라도 튀어나올 것 같다.

나는 그곳에 정령(精靈)들이 산다고 믿는다. 그 정령은 사람들이 앞을 볼 수 없도록 연기를 피워 내는 무기를 가지고 있다. 하루에도 몇 번씩 연막탄을 터뜨려 계곡에 사는 식구들을 숨겨 준다. 정령은 사람의 욕심을 잘 안다. 그들에게 몸보신이 된다면 무엇이든 잡아가거나 꺾어 가져가려고 하니 잠시라도 그들의 눈을 못 보게 하는 것이다. 몸보신에 관심 없고 눈으로, 마음으로만 담아 가는 사람에게 산은 종종 귀한 곳을 볼 수 있도록 허락한다.

화창한 날 밤에 그곳에 가면 반짝이는 정령도 만날 수 있다. 정신을 리셋시켜 주는 정령이다. 산 정상에 자리 펴고 누우면 감당할 수 없을 만큼 반짝이는 정령들이 무더기로 쏟아진다. 정령들을 보고 있노라면 방황하던 정신이 제자리로 돌아오고, 불편했던 사람과의 관계도 회복시켜 주는 영험이 있다. 사람들이 불 멍을 때리고, 바다 멍을 때리고, 하늘 멍을 즐기는 이유가 아닐까. 멍을 때리고 있노라면 복잡한 생각이 사라지고 마음이 편안해진다.

아버지의 유언 문제로 형제들은 서로에게 상처를 주

고받으며 오랫동안 관계가 좋지 않았다. 시간이 꽤 흘렀지만 형제들은 꼭 닫힌 마음의 문을 여는 것이 어려웠다. 별 정령을 만나면서 당신의 유언이 장손이나 장남이 아닌 형제들에게는 '서운한 마음이 들 수 있겠구나' 하는 생각할 여지를 갖게 해 주었다.

사람들이 혐오하는 정령도 있다. 도심지 외곽에 있는 논과 밭에서나 볼 수 있는 정령이다. 몸 전체는 검지만 붉은색이 섞여 있어 적오(赤烏)라고도 한다. 검붉은 정령은 음식 찌꺼기나 동물의 사체를 먹어 치워 주위 환경을 깨끗하게 해 준다. 해발 1,000m가 넘는 곳에 이들이 사는 이유는 사람들이 깊은 산속까지 들어오는 것이 싫어서일 것이다. 이 정령들은 죽음의 기운을 몰고 다닌다는 속설 때문인지 사람들도 싫어한다. 좋은 기운을 받으려고 왔는데 길조가 아닌 흉조라니! 정령은 가지가 꺾이고 옹이진 소나무 가지에 앉아 검은색의 기운을 앞세워 사람들 출입을 온몸으로 막는다. 기분 나쁜 색을 보고도, 불길한 소리를 듣고도 얼마나 오래 버티는지 보자는 듯 정령 특유의 톤으로 음역대를 높여 간다. 하지만 신령스러움에 대한 경외감을 잃은 사람들에게 무슨 소용이 있겠는가.

정령치에 오면 '만물에 영혼이 있다'라는 생각이 절로 든다. 정령은 바위에도 있고, 흐르는 계곡물에도 있고, 도토리나무를 오르내리는 다람쥐에게도 있고, 장끼가 은신처로 삼는 고사리 잎에도 있고, 계곡의 전령사 어치에게도 있고, 산속 동식물을 지키고 있는 적송에게도 있다. 바위 정령은 때를 가리지 않고 찾아가도 늘 변하지 않는 마음을 보여 준다. 계곡물 정령은 산을 찾는 사람들에게 쉬어 가라는 여유를 내어 준다. 손에 잡힐 듯 몽글몽글한 파란 공기 정령은 지친 폐가 숨 쉬기 편안하게 토닥여 주고, 흙 정령은 동물을 살게 하고 식물을 자라게 한다. 사람도 함께 어울려 살도록 한다. 생명이 있는 것이든 없는 것이든 그것을 대하는 신성한 마음이 살아나면 정령이 살아난다. 정령이 살아나야 자연이 살고 사람도 살 수 있다.

이곳에 오면 무언가를 안고 싶은 충동이 생긴다. 땀이 비 오듯 쏟아지는 팔월 한 여름날이었다. 바위를 안으려는데 참나무 고주박에 자란 능이버섯을 품고 있는 살모사가 가부좌를 틀고 목을 꼿꼿이 세운 채 긴 혀로 매운 한마디를 한다. '벗어라!' 나는 등산화를 벗고, 양

말을 벗고, 웃통을 벗었더니 옆에 있던 노송이 한마디 거든다. '겉만 벗으면 되나 속도 벗어야지. 끈질긴 욕망의 사슬도 벗고, 좁디좁은 편견의 겉옷도 벗고, 사람 노릇 하느라 부득이 걸쳐 입은 누더기 같은 것들을 모두 벗으라.' 한다. 누구의 몸이 아닌 엄마 배 속에서 태어난 그때의 몸으로 오라 한다. 그러면 안는 것을 허락하겠단다.

평생을 입어 온 것들을 벗는 일은 쉽지 않다. 그래서 더욱 많이 쓰고, 많이 먹고, 분주하게 사는지도 모른다. 벗으려는 것은 생명의 처음 모습으로 돌아가려는 필사적인 노력이다. 원시적인 것, 본래의 것은 벗는 것이다.

- 2022년 한국문화예술위원회 아르코 선정 작품 -

이번만

멈출 수 없다. 사람들은 이것 때문에 울기도 하고 웃기도 하고, 후회하기도 하고 환호하기도 한다. 때로는 이것 때문에 오뚝이 같다는 표현을 사용하고, 불굴의 정신을 가지고 있는 사람으로 칭송을 받는다. 이 병에 감염되면 최첨단 의료 기기인 CT나 MRI로도 쉽게 진단할 수 없다.

사람들은 도전 정신을 예찬한다. 실패를 거듭해도 굴복하지 말고 끝까지 참고 견디어 내어야 한다고 위로한다. 이런 주문 같은 위로가 사람을 병들게 한다. 마음먹은 대로 일이 잘 풀리지 않거나, 열심히 했지만 원하는 결과를 얻지 못하면 이것의 힘을 빌려 스스로 자신을 위로하기도 한다.

이것이 '이번만'이다. 사람들은 '이번만'이라는 덫에 갇혀 산다. '이번만'은 '포기하지 마라', '할 수 있어', '조금 더', '한 번 더'를 부추긴다. '포기하지 마라'는 건강하지 못한 에너지를 주입시켜 누구든 멈추지 못하게 하는 마법의 주술을 건다. 이 주술에 걸린 사람은 일에 매몰되고, 자신을 잃고, 주위를 둘러보지 못하고, 중도에 하차할 수 없는 열차에 자신을 태우게 된다. 욕망에게 핸들을 맡기고 나를 조종하게 놔둔다.

'이번만'이라는 덫을 준비하느라 하루도 쉼 없이 열심히 일한다. 열심히 사는 것은 자신을 학대하는 일인데도 말이다. 허투루 쓰지 않으려고 한 시간 단위로, 삼십 분 단위로 휴대폰이나 수첩에 빼곡히 스케줄을 써 넣어 숨 쉴 여유마저 없애 버린다. 그 덫은 동료와 경쟁하고, 가족과 갈등하고, 야망을 좇으며 살 것을 강요한다.

'할 수 있어'라는 덫에 가족들이 동참하기를 바란다. 가훈이 걸려 있는 거실 편액에는 '내일을 준비하는 사람이 되자', '후회 없는 삶을 살자', '우리는 할 수 있다'라는 원망의 구호들이 빛을 발한다. 이렇게 사는 것이 잘 사는 것이라 한다. 실패를 딛고 다시 도전하는 사람이 성공한 사람이라 칭송받는다. 노력은 하지만 늘 면접에 떨어진 아들과 딸에게 '괜찮아, 쉬어 가면서 해'라는 다정한 한마디보다 '안 된다, 조금 더 열심히 해, 여기서 멈출 수 없잖니'라는 말에 그들의 마음과 몸이 천천히 '이번만'에 의해 정복당한다.

효도하는 것도 '이번만'에 잠식당하면 현재형이 늘 가정법으로 변한다. 이번에 취직하면, 이번에 승진하면, 이번에 돈을 조금만 더 벌면, 이번에 여유가 생기면 자주 찾아뵙겠다는 약속을 한다. 부모님에게 효도하리라 다짐한 세월이 삼십 년을 넘어 사십 년이 지난다. 그동안 부모는 칠순이나 팔순이라는 숫자를 넘는다. '이번만'이 불효인 셈이다.

남의 평판을 얻거나 높은 자리를 탐내는 사람은 불나방이 불을 향해 뛰어드는 것처럼 출세를 향해 돌진

한다. '이번만' 하고 물러나야지 하며 용을 써 보지만 그 유혹을 어찌 감당하겠는가. 정치하는 사람이든 기업하는 사람이든 높은 자리에 머무는 시간이 길어질수록 그 미끼에 희생자가 되기 쉽다.

실패를 거듭하고 '이번만'에 영혼까지 내주었는데 적당한 임기가 끝나고 책임을 다했다고 내려오고 싶지 않단다. 사람이 자리가 높아지면 내려야 할 플랫폼이나 내려야 할 때가 지나 버렸다는 걸 잊는다. 평생 그 자리에 있을 거라 착각한다. 그런 생각을 하는 순간 평생 쌓아 온 좋은 평판과 이미지는 지울 수 없는 불명예를 안고 안전장치 없이 추락을 경험하게 될지도 모른다.

'이번만'의 유혹은 사람의 삶을 바꾸어 놓을 수도 있다. 멈추지 않고 도전만 하면 일상에 금이 가기 시작한다. 끝내 깡그리 무너진다. 무너진 일상은 잠을 앗아가고, 운동할 시간을 빼앗아 가고, 차 한잔 마실 여유마저 없애 버린다. 때로는 심각한 병에 걸리거나 죽음과 같이 감당하기 어려운 파국을 가져오기도 한다.

아내가 공부하기를 은근히 바랐다. 아이들을 일찍

키우고 육아에서 벗어났으니 그동안 힘들었던 마음의 여유를 가질 겸 뭔가에 몰두했으면 했다. 나는 아내에게 평생 교육 분야의 공부를 추천했다. 공부를 시작해서 석사 과정만 끝나면 그만할 것이라고 아내가 이야기할 때마다 그동안 공부한 시간이 아깝지 않느냐고 계속 연구할 것을 부추겼다. '이번만'의 유혹에 중독되어 있던 나였기에 아내가 연구를 그만두는 일에 동의할 수 없었다. '이번만'이라는 브레이크 없는 과속 열차에 등을 떠밀게 된 셈이다. 아내가 병을 얻고 나서야 '이번만'이라는 주술이 얼마나 무서운지 알았다.

실패한 사람들 중에는 '이번만'이 좋은 에너지가 되기도 한다. '이번만'을 외치며 재기의 발판을 삼기도 한다. 실패를 교훈 삼아 '이번만'이 나를 지배하도록 모든 것을 내어 놓는다. '이번만'에 소중한 것들을 하나씩 양보할 때마다 나를 돌아보는 기회를 가질 수 없게 한다. 가족에게 외면당하고, 사랑하는 사람이 떠나고, 친구가 멀어지고, 건강이 나빠지고서야 비로소 나라는 마차의 고삐를 조일 수 있다.

'멈추고 싶다'는 말을 입에 달고 살지만 '이번만'이라는 전제 조건이 붙어 있어 멈추지 못한다. '이번만'이 끝나면, 저 멀리서 꼬리를 물고 있던 다른 '이번만'이 따라온다. 그 뒤에 또 다른 '이번만'이 따라온다.

'이번만'에 홀린 사람은 최선을 다해 살았다고 말할까? '이번만' 참으면 잘할 수 있는데, 기회는 이번뿐이라고, 참고 견뎌 내라고. 유혹은 진정 어디에 있는가. 내 안일까, 내 밖일까.

관찰

사람은 하고 싶어 하거나 좋아하는 일에 관심이 많다. 과학자든, 예술가든, 작가든, 비즈니스맨이든 관찰하는 것에서부터 시작한다. 관찰은 수동적으로 보는 행위와 다르다. 특히 예술가나 작가는 모든 감각을 활용하여 '세속적인 것에서 장엄함'을 발견해 낸다. 관찰은 모든 대상에 깃들어 있는 놀랍고도 의미심장한 아름다움을 감지해 내는 능력이다. 무엇을 봐야 하는지, 어떻게 봐야 하는지를 알지 못하면 생각을 한곳에 집중시킬 수 없다.

거실에 놓여 있는 TV를 관찰해 보자. 어떤 종류의 프로그램을 방영하고 있는가? 화면이 와이드인가, 평면인가? 크기는 어느 정도인가? TV 소리도 관찰했는가? TV 주위에 있는 여러 가지 물건들이 내는 소리와 종류와 모양은? TV를 만져 보고 재질과 구조를 알아 보았는가? 냄새는 어떤가? 오존같이 확 풍기는 전하와 뜨뜻한 전자 소자의 냄새, 플라스틱 향을 맡아 보았는가? 소리가 울리면서 나는 느낌은 어떠했는가? 리모컨에 달려 있는 각각의 버튼이 어떤 기능을 하고 있는지 손으로 만져 구별해 보았는가? 관찰할 때 수상기 앞으로 얼마나 가까이 다가갔는가? 영상을 이루는 아주 미세한 붉은색, 녹색, 파란색 화소들이 보일 만큼 가까이 다가갔는가? 화면이 꺼졌을 때 비친 자신의 모습이 무슨 색깔이었는지 보았는가? TV처럼 세속적인 물건에도 지각할 것들이 너무 많다. 관찰은 보이는 것을 표현하는 것이 아니라 대상을 보이게 하는 것이라 할 수 있다.

눈을 감은 채 소리만 듣고 주위의 상황을 마음으로 그려 보는 것도 좋은 관찰 훈련이 된다. 어둠 속을 걸어갈 때 사람들은 공감각과 촉각에 의지한다. TV를 보지 않고 소리만 듣거나, 소리를 끄고 화면만 보는 것이나, 라디오를 듣는 것도 관찰력을 기르는 데 좋은 방법이 된다. 소리 없는 화면이나, 화면 없는 소리는 상상력을 향상시켜 준다. 소리로 관찰을 하는 셈이다.

관찰은 대상을 볼 때 '수동적 보기'가 아닌 '적극적 보기'여야 한다. 주위 환경에 익숙해 있다 보면 어느 순간 주변에 있는 것들이 잘 보이지 않는다. 보이지 않아도 사람들은 인식하는 것이다.

글 쓰는 작가는 어떤 대상을 인식하기 위해 겉만 보지 않는다. 소재를 가지고 글을 디자인할 때 그 대상을 '보는 관점'에서 시작한다. 그는 잘 알고 있다고 생각하는 대상을 반복적으로 관찰하고 생각을 하면서 냄새로, 형상으로, 색깔로, 촉감으로 변형시켜 본질을 찾으려 한다.

작가에게 관찰력이 얼마나 중요한가는 새삼스럽게 말할 필요도 없다. 소설가 서머싯 몸(Somerset Maugham)은 "작가는 끊임없이 탐구하는 자세를 가져야 한다."라고 했다. 사람의 모습뿐만 아니라 대화나 행동까지 관찰을 해야 한다는 뜻이다. "간접적으로 듣는 이야기가 아니라 몇 시간 동안 참고 들어 줄 수 있어야 무심결에 새어 나오는 중요한 단서를 포착해 낼 수 있다."라고 했다. 관찰은 대상이 생생하게 머릿속에 그려지도록 묘사해야 한다. 독자들의 감각에 자극을 주기 위해서 작가는 감각에 대한 훈련을 게을리하지 않아야 한다. 보고, 듣고, 만지고, 냄새 맡고, 맛보고, 몸으로 느끼는 어떤 심상을 구체적 대상으로 형상화해 내야 한다.

예리한 관찰자가 되려면 사물의 질감과 종류의 차이를 감별해 내는 오감을 동원해 낼 수 있는 능력을 키워야 한다. 만약 돌이나 조개껍질, 깃털, 뼈, 직물, 털실, 만년필 등을 수집한다면 촉각을 훈련시킬 수 있다. 뒤뜰이나 숲, 동물이나 새소리, 도시의 소음, 클래식, 포크 송, 록 음악, 재즈 등 소리는 청각을 훈련시킬 수 있다. 향수 가게나 야채 가게에서 나오는 다양한 냄새를 기억하거나 맛과 냄새, 치즈나 초콜릿, 커피와 차, 포도주의 종류를 알아맞혀 보려고 시도해 보면 후각을 훈련시킬 수 있다.

관찰력은 시간과 참을성이 요구된다. 관찰 능력이란 대단한 것이 아니다. 움직이지 않고 돌 틈이나 땅이나 벤치에 앉거나 누워서 몇 시간씩 대상을 끈질기게 볼 수 있는 인내심이다. 사람들이 무심코 지나치는 순간, 대상은 참을성 있는 관찰자에게 놀라운 모습을 보여 준다. 벌이 추는 춤을 언어로 보고 해독해 내는 대단한 발견도 관찰의 힘에서 비롯된 것이 아닐까?

어부였던 나 역시 오랫동안 물고기 비늘을 반복해서 보며 몰랐던 사실을 알게 되었다. 물고기의 비늘이 한쪽 방향으로만 나열되어 있는 것이 아니라 물고기의 종류에 따라 엇갈려서 배열된 비늘도 있다. 반복과 참을성으로 대상에서 뭔가 의미 있는 것을 발견해 낼 수 있는 힘을 얻는다.

작가는 좋은 글밭을 가꾸기를 희망한다. 희망을 현실로 만들기 위해서는 일상생활에서 우연히 부딪히는 모든 것들을 감지해 낼 수 있어야 한다. 작가의 영감을 자극하는 것들은 머리와 마음속뿐 아니라 감각과 근육에도 저장해야 한다. 세속적인 것에서 장엄한 것을 알아내려면 모든 주의력을 모아 어떤 대상의 형태, 선, 색, 소리, 촉감적 특징, 냄새, 심지어 맛까지 머릿속에 집어넣고 세부 사항들을 하나씩 최대한 많이 떠올려 메모지에 적거나 그려 보는 훈련을 해야 한다. 관찰이 생각이고, 생각이 관찰이 되는 행위가 일상이 되었을 때 풀 한 포기 나지 않던 글밭에 식물이 자라고 꽃이 만발하여 온갖 종류의 곤충이 사는 옥토로 변할지 모른다.

작곡가 이고르 스트라빈스키는 일상적인 현상의 가치를 재발견하는 일을 하고 있다. 그는 "관찰은 가장 평범하고 비루한 것들에서도 주목할 만한 가치를 찾아낸다."라고 했다. 모든 사물에 깃들어 있는 놀랍고도 의미심장한 아름다움을 감지할 줄 아는 능력은 결국 '관찰'에서 시작된다는 사실을 알 수 있다.

나르시시즘

가벼움은 예술이다. 우리는 일상에서 삶의 무게에 짓눌려 왔다. 잃어버린 행복, 관계의 실연, 이루고 싶은 일 등등. 견디기 힘든 가장 무거운 것은 자아(Ego)다. 자아가 무거운 연유는 환경이 아니라 누군가와 닮고 싶은 욕망 탓이다. 현재의 내가 아니라 타인에게 보여 주고 싶은 허상이 자신을 점점 더 무겁게 한다.

바다에서 수영을 해 본 사람은 이런 허상의 무게에

서 벗어날 수 있다. 인간은 우주 속에서 티끌만 한 존재도 되지 못한다. 바다를 느끼는 것은 존재감 없는 자아를 존재감 있는 자아로 인식할 수 있게 해 준다. 누군가에게 자기를 증명하고, 자신을 자랑하고, 타인을 무시하고, 무슨 일이든 쉽게 포기하는 것이 자아로부터 해방이 아닌 구속이 된다.

나르시시즘은 혼자 중얼거리는 독백과 같다. 나르시시즘에 빠져 있는 사람은 자신만의 세계에게 갇혀 있다. 바다를 사랑하는 사람, 발이라도 바닷물에 담그는 사람, 수영을 하는 사람이라면 폐쇄적인 삶을 바다에 내려놓을 수 있다. 주변 사람들의 비위를 맞추길 요구받고, 타인의 모범이 되라고 강요받고, 영감을 주는 사람이 되라는 자아의 명령에 거리를 둘 수 있다. 바다를 찾는 일은 나르시시즘을 덜어 내는 연습이다.

숫자의 해석은 무죄

숫자가 일상을 지배한다. 사람은 시곗바늘 끝이 가리키는 숫자에 맞춰 잠자리에 들고 잠에서 깬다. 몸을 깨우는 것도 잠자리에 들게 하는 것도 숫자다. 결혼식을 위해 길(吉)일을 택하는 것도, 손 없는 날을 받아 이사하는 것도 숫자가 정한다. 사람이 태어날 때조차 좋은 날을 잡기 위해서 출산을 늦추거나 유도분만 촉진제를 써서 출산일을 앞당기기도 한다. 숫자가 사람에게 신이나 다름없다.

생과 사를 가늠하는 것도 숫자다. 병실 컴퓨터 화면에서 보여 주는 맥박이나 혈압과 같은 각종 신체 기능을 알려 주는 바이탈 수치가 생사를 결정한다. 바이탈 수치가 '0'이 되면 의사는 사망 선고를 내린다. 숫자의 운명을 비켜 갈 사람은 없다.

숫자는 불안감이나 안도감을 주기도 한다. COVID-19, 사망자 수, 감염자 수, 13일의 금요일 등의 숫자를 듣기만 해도 온몸에 소름이 바싹 돋는다. KF84가 아닌 KF94 마스크, 예방 접종률 상승, 1, 2, 3차 백신 접종 완료의 숫자는 사람들에게 안도감을 주기도 한다.

확진자를 발표할 때 사람의 이름을 언급하지 않고 감염된 순서로 번호를 붙인다. 이름 대신 숫자로 언급하는 것이 개인 정보에 관한 법률 때문이기도 하지만, 감염에 대한 두려움이 다소 누그러진다. 감염 환자가 31번이라면 가족을 위해 생계를 위해 일하는 듬직한 아버지의 얼굴이, 집에서 식구들의 건강을 챙기고 맛있는 음식을 준비하는 어머니의 얼굴이, 미래를 위해 강의실에서 열심히 공부하는 아들과 딸의 모습이, 손자의 재롱에 즐거워하는 할아버지와 할머니의 얼굴이 떠오르지 않는다. 정겹고, 고맙고, 반가운 얼굴이 아닌 31번이라는 숫자만 무덤덤하게 보일 뿐이다. 숫자가 악역을 대신한 셈이다.

숫자가 갖는 의미를 달리 해석하는 경우도 있다. 맹난자 선생은 〈수, 이미지의 변주〉에서 22는 흉수라고 했다. 세잔, 루쉰, 사뮈엘 베케트 등 다수의 예술가와 문학가가 죽은 날짜가 우연의 일치라도 되듯 22일이라 했다. 22일은 적어도 맹난자 선생에게는 예술가들의 생과 사를 가르는 숫자가 되었다.

선생이 말하기를, 사람들은 4 자를 죽을 사(死)로 해석할 때가 많다. 하지만 관점을 달리하면 죽음은 곧 '탄생'을 의미한다고 했다. 흉수라고 하는 22도 관점을 달리하면 원앙 한 쌍이 호수를 유영(遊泳)하는 모습이라 했다. 아메리카 인디언들은 4라는 숫자를 네 개의 방위 동, 서, 남, 북으로 나타내고, 모든 의식이나 의례를 지낼 때 행동을 똑같이 4번 반복한다. 가스통 바슐라르도 만물은 물, 불, 공기, 흙, 4원소로 구성되어 있다고 했다. 흉수라 해도 숫자를 보는 사람의 관점에 따라 달라진다는 뜻일 것이다.

종교에도 숫자는 특별한 상징성을 갖는다. 불교에서 4는 죽음을 뜻하는 것이 아니다. 생명의 나무인 '담바'에서 뻗어 나온 큰 가지와 뿌리를 상징하는 4개의 성스러운 길, 자무량심(慈無量心), 비무량심(悲無量心), 희무량심(喜無量心), 사무량심(四無量心)을 나타낸다. 기독교에서 13이라는 숫자는 불길한 숫자가 아닌 신성한 의미로 사용된다. 부활절 성주간이 되면 13개의 촛대에 불을 켠다. 촛불 의식은 예수의 죽음으로 지상이 어두워지는 것을 상징한다. 생과 사를 하나로 여기는 종교에서는 죽음의 4든 불길한 13이든 좋다 나쁘다 여기지 않을 거라 생각한다.

아들이 군에 입대하고 한 달이 지났다. 부대는 아들의 훈련 모습을 부대 밴드에 올려 주곤 했다. 아버지 어머니 마음 편하게 생활하도록 열심히 국방의 의무를 하겠노라는 아들의 든든한 모습이 21이라는 숫자에 가려 보이지 않았다. 그렇게 편안하던 숫자가 부모에게 아들의 다부진 각오를 대신할 수 없다는 게 안타까웠다.

20대 후반에 농협 공채에 합격하여 부산 북부 지점

에서 근무를 하게 되었다. 6개월쯤 지나 직원 야유회에 참석했다. 추첨 상품이 푸짐하니 꼭 간직하라고 총무과 안 부장님의 당부와 함께 4번을 받았다. 4 자를 받은 나는 동기들에게 재수 없는 번호를 받았다고 놀림을 받았지만 1등에 당첨되어 상금 30만 원을 챙겼다. 4 자는 나에게 나쁜 숫자가 아니다. 숫자에 대한 내 고정 관념이 달라지는 기회가 되었다.

숫자의 의미는 사람마다 다르다. 죽음을 의미하는 '4'나 불행의 의미를 갖는 '13'이 어떤 사람에게는 불행과 공포의 숫자인 반면, 어떤 사람에게는 행운을 가져다줄 수도 있다. 어떤 사람에게 수(數)는 심오하고, 비밀스럽고, 때로는 성스럽기까지 하다.

열 개의 숫자가 사람의 운명을 결정한다. 그것이 행운의 수가 될지, 불행의 수가 될지, 성스러운 수가 될지, 운명적인 숫자가 될지는 해석하는 사람에게 달려 있다.

다시 읽는 《월든》, 하나

사람이 책을 만들고, 책이 사람을 만든다. 사람 됨됨이에 책만큼 많은 영향을 주는 것이 없다. 내 삶에 결정적인 영향을 준 책이 헨리 데이비드 소로우(Henry David Thoreau)의 《월든(Walden)》이다. 그는 미국 출신으로 철학자, 시인, 수필가이면서 생태주의자다.

대학에서 공부를 시작했을 때 처음 소로우의 글을 만났다. 학위 과정과 논문을 쓰는 10년 동안 그의 글과 함께했다. 학교를 명퇴하고 작가로서 글을 쓰는 지금에도 그가 쓴 글을 늘 곁에 둔다. 글을 통해 신성한 노동의 가치를 배웠고, 좋은 습관을 길렀고, 가치 있는 일을 지속적으로 할 수 있는 교훈도 배웠다. 내가 바다 생태에 관해 다양한 작품을 써낼 수 있었던 것은 자연을 대하는 그의 철학과 생태에 관한 해박한 지식들이 내 글 속에 그림자로 남아 있어서이다.

불필요한 일에 관심이 쏠리려고 할 때, 사람을 만나고 싶지 않을 때, 글이 써지지 않을 때, 무엇을 해야 할지 막막할 때, 세상의 속도에 맞추느라 숨이 찰 때, 손때가 묻어 있는 《월든》을 펼친다.

소로우는 1845년 문명사회를 등지고 월든 호숫가로 갔다. 소박하고 원시적인 생활을 통하여 인습에 구애받지 않은 새로운 삶을 시도했다. 손수 나무를 베어 집을 짓고, 농사를 지으면서 2년 2개월 동안 호숫가 숲속에서 인간과 자연에 대해 깊이 성찰할 기회를 가졌다.

하버드대학을 졸업한 그는 세속적인 성공보다, 측량을 하거나 목수 일같이 몸을 움직여 생계를 유지했다. 상업주의 문명을 거부하고 자발적 가난을 선택했다. 최소한의 노동으로 생계를 유지하면서 사색하고, 독서를 하는 데 많은 시간을 할애했다.

소로우가 살던 19세기와 내가 살고 있는 21세기는 세월의 차이만큼 많은 것들이 달라졌다. 과학의 발전, 사회의 변화 속도, 사람들의 의식주와 생각은 엄청난 변화를 겪었지만 당시 미국에서 신흥 자본주의로 열풍이 불었던 물질주의, 자연 파괴, 출세주의를 경계했던 그가 남긴 글과 질문은 오늘을 살아가는 우리에게 더 절실하게 다가온다.

《월든》을 읽는 시간이면 존재의 이유나 삶의 의미를 생각해 보는 시간으로 마음이 더욱 맑아진다. 진정한 자유가 무엇인지, 나다운 삶의 의미가 어떤 것인지 울림을 준다.

소로우의 글을 읽는 사람은 누구나 철학자가 되고, 생태학자가 되고, 수필가가 되고, 소설가가 되고, 시인이 된다. 실천 철학자인 소로우의 삶은 레프 톨스토이, 마하트마 간디, 로버트 프로스트, 마틴 루터 킹 주니어, 마르셀 프루스트, 윌리엄 버틀러 예이츠, 어니스트 헤밍웨이, 레이첼 카슨 등 많은 작가와 사상가들에게 영향을 주었다.

소로우의 글을 늘 품고 사는 이유는 자연이나 사물을 묘사하는 탁월함 때문이다. 계절이 바뀌면서 변하는 월든 호숫가 숲의 모습, 그곳에서 서식하고 있는 동식물의 생태를 생생하게 그려 낸다. 호수에 살고 있는 개구리, 숲속에 사는 들꿩, 미친 듯이 울어 대는 되강오리, 새순이 나는 콩대만 먹어 치우는 우드척, 밤에만 활동하는 부엉이 등 이런 자연의 정령들과 조용하고 자유롭게 사는 것이 그가 추구하는 삶이었다.

소로우는 미국 문학을 대표하는 산문 작가이다. 그의 문장은 내용이 함축적이고, 비유가 많아 횡간에 뜻을 알아내기가 쉽지 않다. 하지만 농사짓는 과정이나 자연 묘사는 논리의 전개가 단호하고 거침이 없다. 무엇보다 문장이 아름답다.

2부

정(情)을 탐하다

정(情)을 탐하다

비릿한 냄새가 진동한다. 주검이 분해되어 바람에 날아가고, 물에 흘러가고, 흙에 묻혀야 새로운 숨이 탄생한다. 변하지 않고 흐르지 않는 곳에는 생명의 움직임이 없다.

사람들은 여행의 격을 높이기 위해 한 시대를 풍요롭게 했던 문화 예술인의 현장을 방문하곤 한다. 지역 작가나 미술가가 살았던 생가를 두 눈으로 보고 그들을 기념하기 위해 만들어진 거리나 문학관이나 미술

관 등 생생한 역사적 현장을 찾는다. 일상에서 벗어나고 싶은 사람들은 잊어버린 냄새를 찾아 나선다. 그곳에서 삶의 활력을 찾는다.

여수 중앙선어시장, 부산 자갈치어시장, 남해 공동어시장, 울산 수산시장, 포항 죽도어시장 등은 자주 찾는 곳이지만 갈 때마다 새롭다. 고향이 섬이거나 바닷가거나, 물고기 잡는 일을 해 본 사람이라면 갯가와 생선 비린내에서 고향의 모습을 찾으려 한다. 어시장에 들어서면 얼굴에 생선 비늘을 붙이고 살아가는 시장 사람들의 표정, 웃음, 흥정하는 모습, 좌판에 펼쳐진 물고기들의 움직임이 한때 어부였던 내 본성을 꿈틀거리게 한다.

바닷물이 흥건하게 고인 길을 헤집고 죽도어시장으로 들어서면 색깔과 모양과 성격이 가지각색인 물고기나 해산물이 사람들을 맞이한다. 까칠한 성격을 가진 사람처럼 늘 가시를 온몸에 돋아 올린 성게, 속마음을 감추고 사는 사람처럼 죽음을 앞에 두어야만 자신의 진짜 모습을 보여 주는 조개와 홍합, 걱정과 불안으로 활기차지 못한 사람처럼 무거운 짐을 지고 굼뜨게 살아가는 소라와 고동이 있다.

어시장은 해산물뿐 아니라 다양한 생김새의 물고기들을 만날 수 있다. 외모는 거칠지만 조류를 느긋하게 거슬러 올라가는 역동성도 찾을 수 있다. 물고기의 역동성에서 시장을 찾는 사람들에게 활기를 준다. 둥근 몸집처럼 성격이 온화하고 작은 입만큼이나 욕심을 부리지 않는 복어와 쥐치, 남자의 자존심을 세워 주겠다고 장담이라도 하려는 듯 에너지로 똘똘 뭉친 꼬리를 의기양양 흔들어 대는 갯장어와 바닷장어, 출퇴근 시간에 호각 하나로 교통을 정리하는 순경처럼 빠른 몸놀림으로 조류의 흐름에 방해가 되지 않도록 솔선수범으로 질서를 지키는 방어와 삼치……. 이런 물고기들을 보는 것만으로도 살아가는 이치를 깨닫는다.

이곳을 찾는 사람들 중에는 먹거리를 즐기는 사람이 있지만 해양 생태에 관심이 있거나 다른 견해를 가진 사람도 있다. 그들은 물고기가 인간처럼 이웃이 있고, 가족이 있고, 형제가 있을 거라 상상한다. 필요하면 언제든 잡아먹는 음식 정도라 여기지 않는다.

사람들은 물고기의 희생에 대해 생각한다. 좁은 사각 유리통에 갇혀 칼에 목이 베이고 살이 잘려 나가는 고통, 육신을 희생시켜 인간을 이롭게 하는 보시(報施)에 대해 생각할지도 모른다. 바다를 보호하자는 캠페인이나 생태에 관련된 글 한 편을 읽지 않아도 어시장을 방문하는 것만으로 생명의 소중함을 느끼고 돌아갈 것이다.

이곳은 생생한 삶의 현장이다. 우아한 예술가들의 작품보다 공감 지수가 높아 방문객을 흥분시키기에 충분하다. 물고기가 살아서 팔딱거리는 생동감이나 물건을 실어 나르며 들리는 짐수레 바퀴 소리……. 분주한 시장 상인들의 활발한 발걸음이 이곳을 찾는 사람에게 활력을 전해 준다. 바다 냄새가 가득한 시장에서 일어나는 술렁거림 또한 마음을 들뜨게 한다.

어시장에 오면 손님이든 상인이든 누구도 욕심이 없어 보인다. 이곳에서 장사를 하는 사람들은 손님이 찾아오면 이문을 우선으로 생각하지 않는다. 물고기를 사려는 사람과 팔려는 상인들이 흥정하는 모습에서 얻어 가는 것은 역동적이고 활기찬 삶이다. 어시장만큼이나 삶이 끓는 곳은 드물다. 살아가면서 무력해지거나 허무감을 느낄 때 시끌벅적한 이곳에 오면 느려졌던 삶의 맥박이 힘차게 다시 뛴다.

사람의 본성이 가감 없이 드러나는 거친 사투리와 몸짓, 혼란스러움에 정신이 산만하지만 묘하게 이끌리는 매혹, 거칠어 보이는 얼굴에 인정스러움이 묻어난다. 생선을 파는 어시장 아낙들의 부산한 움직임에서 생명 본능을 느끼고 사람 됨의 투박한 색깔을 읽어 낼 수 있다. 질서 없어 보이는 그 몸놀림이 오래전에 잃어버린 인간의 순수성을 되돌아보게 한다. 겉치레보다는 꾸미지 않은 자연스러움이 사람의 마음을 끈다.

“와따 성님, 이리 오랑께요. 간재미 한 마리 얹어 줄랑께.” 구수한 사투리는 전라도 어시장 어디를 가든 마음을 푸근하게 해 준다. “아지메, 퍼뜩 이리 오이소마.” 울산 수산시장에 오면 경상도 특유의 사투리에 이끌린다. “어디로 가능교.”, “고맙니더.”라는 경북 특유의 사투리에는 훈민정음의 짧은 음(音)이 아직 남아 있다. 사람들은 그곳 사투리에서 묻어나는 정을 사고팔고, 활력과 생동감을 채워 간다. 비릿한 생선 냄새를 온몸에 끼얹고 손님을 불러 세우는 인정 어린 목소리에서 가난의 한(恨)과 삶의 의욕이 어우러진다.

구라(口喇)쟁이

지리산 생태 가수이자, 〈광개토대왕〉 역사 드라마의 삽입곡을 쓴 백수 선생님을 만났다. 백수에 대한 글을 쓴 지 두 달 만에 얼굴을 뵈었다. 백수 선생님은 백수로서 나름의 철학을 가지고 살았는데, 사람들이 백수를 먹고 노는 사람으로만 여겨 무척 서운했단다. 이 선생님이 백수에 대해 나름 정의를 내려 주기 망정이지. 구라 선생님들에게 놀림을 늘 받아 왔다면서 '구라'에 대한 일화를 소개했다.

백수 선생님이 말한 구라를 잘 치는 사람은 백기완 선생님, 황석영 선생님, 김지하 선생님이라고 한다. 백수 선생님은 세 명의 구라꾼이 지리산에 오면 2박 3일 동안 막걸리 서너 말에 밤샘하며 구라를 친다고 흉을 봤다. "선생님, 세 사람은 우리나라에서 대단한 분들인데 거리낌 없이 구라쟁이라고 싸잡아 뒷담을 하면 훗날 뒷감당을 하실 수 있겠습니까."라고 반문을 했다. 선생님 왈, 이제는 돌아가신 선생도 있고, 몸이 좋지 않은 선생도 있어 단지 그들의 해박한 구라가 그리울 뿐이라고 했다.

세 사람이 구라 치는 것을 듣고 있노라면 천왕봉 쪽에서 언제 해가 떴는지, 노고단 쪽으로 해가 언제 넘어갔는지 모른단다. 그들의 입에서 나오는 한마디 한마디가 허풍 같으면서 사실 같고, 허세를 부리는 것 같으면서도 진중하단다. 구라꾼들은 정치, 경제, 사회, 문화, 예술, 철학, 문학, 생태, 종교에서 우주까지 해박한 지식을 가지고 있으니 그 걸걸한 입담으로 구라를 친단다. "구라를 그렇게 잘 치는 사람들을 본 적이 없습니다. 아는 게 많으니 구라도 잘 치는 거지. 나는 그 양반들 만나면 늘 주눅이 듭니다. 내가 칠십 평생 조금 아는 것이라곤 음악, 생태, 돈 없이 세상 살아가는 방법 정도랍니다. 소소한 것들이지요."

백수 선생님은 세 명의 구라쟁이들을 모두 존경하지만 그중 백기완 선생님을 존경한단다. 이유를 물었더니 자신이 살아온 방식과 비슷해서라고 한다. 백기완 선생님은 현실을 있는 그대로 받아들이지 않고 삶을 늘 각색한단다. 백수 선생님 말을 빌리면 책을 좀 읽어 본 사람이라면 세상사를 그대로 받아들여야 제대로 산다고 말하지만 백 선생님 같은 분에게는 쉽지만은 않은 일이라 했다. 그는 인내심을 발휘하는 것이 일상이라 했다. 민족 운동을 하면서 견뎌 낸 구라를 들으면 가슴에 눈물이 가득 차오른다고 했다. 기름진 음식을 먹을 형편이 안 되어 거친 음식을 먹으며 건강식을 하는 것이고, 자가용을 못 타고 대중교통을 이용하면 지구를 살리는 데 동참하는 것이고, 남들만큼 못 가지고 살면 무소유를 실천한다고 생각했단다. '삶을 각색해서 발휘되는 인내심'은 어떤 어려움도 견뎌 낼 수 있게 해 준단다.

김지하 선생님은 70년대 후반 5년여 동안 옥중 생활을 하면서 엄청난 독서량으로 생명 사상의 깨우침을 얻은 것에 대해 구라를 치는데 믿지 않을 수 없었단다. 선생님은 마치 책을 읽으러 감옥에 들어간 것처럼 꼼짝도 하지 않고 미친 듯이 책을 읽어 댔다고 한다. 삶의 본질, 선불교와 동학, 생태 분야를 그물 짜듯 촘촘하게 말을 엮어 나가면 마주 앉아 있는 황 선생님이 마치 명창과 고수가 장단과 추임새를 주고받는 것처럼 단 한 박(拍)도 흐트러짐 없이 주고받았다고 했다. 선생님은 들판에 핀 식물을 보고 저런 미물들도 생명일진데 하물며 살아 꿈틀거리는 동물이나 인간의 생명은 더할 나위 없이 소중하다는 것을 깨달았다며 구라를 치는데 백수 선생님은 김 선생님의 구라에 머리를 끄덕이지 않을 수 없었단다.

황석영 선생님의 구라에는 예술에 대한 철학이 있단다. "황 선생님이 조용히 뒤뜰로 불러 나를 타일렀습니다. 아들을 절대로 혼내지 말라고 했어요. 황 선생님은 한 번도 아들에게 큰소리를 쳐 본 적이 없다고 하면서 이런 말을 했어요. 큰소리로 윽박을 지르고 얼굴을 붉히는 것만이 화를 내는 것이 아니라고요. 혼내는 일이 아들에게 무언의 압박이 될 수 있고, 틀에 얽매이게 하는 습관이 될 수도 있다 합니다. 이런 습관이 반복되면 예술가는 창의적인 아이디어를 낼 수 없다고 했지요. 황 선생님은 음악을 하는 사람이든, 글을 쓰는 사람이든 예술을 하는 사람은 무엇이든 얽매이는 것이 없어야 한다고 했습니다. 나는 무릎을 탁! 하고 쳤답니다. 얼마나 멋진 구라입니까?" 아들이 자신이 하고 싶은 순수한 음악을 할 수 있었던 것은 간섭하지 않고 무언의 압박을 주지 않은 부모의 덕일지도 모른다고 입술에 힘을 주었다.

백수 선생님은 해박한 지식을 가지고 구라를 치는 선생님들을 생각해 보면 부럽다는 이야기를 했다. 나는 백수 선생님의 의기소침한 모습을 보고 있자니 마음이 좋지 않았다. 이럴 때 내가 구라를 한번 쳐야겠다는 마음을 먹었다. "백수 선생님, 대한민국의 구라는 세 명이 아니고 네 명입니다.", "이 선생님, 한 사람은 누구 입니까? 누가 구라를 잘 치던가요?", "선생님입니다.", "뭐라고요? 나는 백수이지 구라꾼은 아닙니다." 백수 선생님은 묘한 표정을 지으면서 부인하는 어투였다. 나는 단호히 말을 이어 갔다. "아뇨, 선생님은 대한민국에서 최고의 백수이자 구라쟁이입니다. 선생님은 황석영 선생님, 백기완 선생님, 김지하 선생님에 버금갈 정도로 구라를 잘 치십니다. 선생님께서 백수가 된 사연을 세 시간 동안 차 한 잔 주시고 나에게 구라를 치는 바람에 흥이 깨질까 봐 꼬박 세 시간 동안 오줌보를 붙잡고 있었습니다. 지리산 생태, 순수 음악이 무엇인지, 돈 없이 집 없이 세상을 살아가는 처세술 등 선생님이 펼쳐 내는 구라는 어떤 책이나 철학자에게서도 들어 보지 못한 귀중한 구라였습니다. 이쯤 되면 선생님은 대단한 구라쟁이지요."

내 말을 들은 백수 선생님은 어깨를 쫙 펴고 구라에 대한 자신의 생각을 조곤조곤하게 이어 나갔다. "이 선생님, 내가 생각하는 '구라'는 거짓말이나 속임수, 허풍이나 허세라는 의미가 아니라 찬바람만 안고 사는 사람들의 가슴에 따뜻한 바람을 일게 해 줄 수 있는 것입니다." 백수 선생님은 '구라'가 입으로 말을 펼쳐 나간다는 뜻이니 꼭 나쁜 뜻으로 생각할 필요는 없다고 한다.

네 명의 구라쟁이는 먼동이 뜨는 천왕봉 봉오리를 보면서 이곳에 '구라쟁이 집'이라는 비석을 하나 세우자고 했단다.

짠맛, 익숙함을 깨우다

바다가 고향인 나는 한여름에 반나절 이상을 물속에서 산다. 나 같은 섬사람이 아니더라도 여름 바다를 찾는 사람들은 한 번쯤 바닷물을 맛본 적이 있다. 그 맛은 시간이 지날수록 처음 짠맛을 느꼈을 때만큼이나 강하게 느끼지 못한다. 이것은 감각이 무뎌진 탓이다. 마치 화장실에 들어가 코를 틀어막을 만큼 격한 냄새라도 시간이 흐르면 냄새에 익숙해지는 것처럼 말이다.

아름다운 광경을 보아도, 즐겁고 행복한 시간을 보내도 흥이 곧 무뎌진다. 익숙함 때문이다. 익숙함은 즐거움과 행복한 감정을 희석시켜 결국에는 무덤덤해진다. 사람이나 사물에 가지는 감정이 처음에 주체할 수 없도록 두근거려도 익숙해지면 관심이 시들해진다.

왜 무뎌지는 걸까?

익숙한 것에 길들여지며 욕망이 사라진 탓이다. 사그라진 욕망은 무감각하거나 만족을 몰라서가 아니라 의욕이 없어서다. 욕망이란 무언가를 하고 싶은 의지나 의욕을 불러일으키는 에너지다. 매일 같은 일이 반복되면 지치고, 만사가 귀찮아지고, 몸이 무거워진다.

일상이 익숙해지면 관찰력 또한 무뎌진다. 낯선 곳을 여행하는 이유도 익숙함에서 벗어나기 위함일지도 모른다. 늘 걸어 다니는 골목이나 타고 다니는 버스와 지하철은 의식하지 않아도 타고 내린다. 늘 먹는 음식도 이제는 익숙해져 의무감으로 먹는다.

익숙함에는 안타까운 심리도 있다. 20년 넘게 만년필을 사용해 왔다. 고마움에 익숙한 탓인지 한 번도 내 감정을 대변해 주는 분신 같은 대상에 고마운 감정이 일지 않는다. '고마움', '소중함', '친근함'이라는 단어에 익숙한 탓일지도 모른다. 이런 단어들이 가지는 본래의 의미를 낯설게 만들어 익숙함을 경계하고 겉모습이 아닌 본연의 가치를 찾는 방법이 있을까?

익숙한 것에서 짠맛을 되찾으면 무뎌진 감각이 다시 살아난다. 모든 행위에서 행복을 느끼는 것이 아니라 잠시의 여유를 가지고 오랫동안 천천히 음미해 보는 것이다. 욕망은 소비하는 행위가 아니라 음미하는 것이다. 무엇이든 천천히 음미하는 행위를 망각하면 풍요로움도 느끼지 못한다. 사소한 것이라도 가지고 있는 것에 가치와 의미를 음미해 보는 것이다. 그 음미가 익숙함으로 무뎌진 감각을 살려 낼 수 있지 않을까.

익숙함은 욕망을 싫어한다. 욕망은 현재하고 있는 일에 관심을 두는 일이다. 공감이나 우정을 소중히 여기는 따뜻함, 주목받지 못한 사람이나 사물과의 대화에서 얻어지는 따뜻함은 우리를 익숙함에서 벗어나게 하는 에너지가 되는 것 같다.

인생의 맛이 미지근하면 사는 맛이 날까?

바닷물은 너무 짜지도 않고 너무 싱겁지도 않다. 우리의 인생도 바닷물처럼 되는 것을 원치 않을 것이다. 싫은 것도 없고, 실망하는 것도 없고, 질리게 하는 것도 없다면 사는 재미가 날까?

만사가 무덤덤해지려고 할 때, 사는 일에 회의가 밀려올 때, 익숙함에 삶을 점령당할 때 미지근한 맛보다 짠맛이 필요할 때일지도 모른다.

짠맛이 어디 소금뿐이겠는가?

어부의 유택

집은 생명과 영혼의 공간이다. 살아 있는 사람에게 집이 있듯 죽은 사람에게도 집이 있다. 그곳은 서럽고 서늘하고 적막하지만 서로를 걱정하는 정과 배려가 있다.

한 번도 죽어 본 경험이 없는 사람이 자신의 죽음을 준비하기란 불가능하다. 자신의 장례식을 상상하며 들어가 누울 관을 직접 짜는 사람들이나, 자신이 묻힐 자리를 미리 정해야 하는 담담함은 삶에 대한 애착을 얼마나 내려놔야 가능할까. 언제 올지 모르지만 죽음을 공포가 아닌 언젠가 통과해야 할 삶의 과정으로 생각해야 가능할까.

아버지는 생전에 당신의 유택을 마련하기 위해 부지런히 발품을 팔았다. 명절에 내가 섬을 찾아가면 아버지는 불편한 몸을 동백나무 지팡이에 의지하고 섬 곳곳을 다녔다. 소리도는 대부분 절벽이고 바위투성이여서 묫자리를 찾기는 쉽지 않았다.

아버지가 유택을 선택하는 조건은 까다롭지 않았다. 땅속에 누워 있어도 늙은 아내의 거동을 살필 수 있게 집 마당을 볼 수 있어야 하고, 갯벌 포구에 용골(龍骨)만 남아 있는 어선을 볼 수 있는 곳이어야 했다.

섬에서는 가장이 해야 할 일이 험하다. 남정네가 없는 집안은 안사람이 그 일을 대신하지 않으면 가정을 꾸려 나갈 수 없다. 측간에 오물을 정리해 절벽을 끼고 있는 벼랑 밭에 거름을 내어 농사를 짓는 일, 추수한 보릿단이나 고구마 가마를 머리에 이고 벼랑길을 오르내리는 일, 쟁기날이 흙을 곱게 먹지 못할 만큼 박토(薄土)인 자갈 보리밭을 갈아 눕히는 일 등 이런 일들을 저승에 있는 나를 대신하는 아내의 일거수일투족을 지켜봐야 한다는 것이었다.

호리병 포구에 해가 떠오르기 시작하면 갯벌은 밤새 입고 있던 해무 옷을 벗고 부드러운 잔물결과 햇살에 반사된 잔잔한 수면이 천천히 모습을 드러낸다. 해무는 밤사이 작은 배를 지키기 위해 보초 임무를 다하고 흩어지는 유령들처럼 갯벌 속으로 은밀히 사라져 간다. 갯벌 깊숙이 박혀 있는 폐선은 모진 해풍과 바닷물에 삭혀 버린 선체를 훌훌 벗어 버리고 용골과 뼈대만 남아 있다. 어선도 거친 바다를 평생 누볐고 가족의 생계를 지켜 준 동반자다. 노수부는 이 어선을 한눈에 볼 수 있는 곳을 찾은 것이다.

아버지는 자유롭지 못한 발을 절뚝이면서 가파른 비탈길을 올라 거친 땅을 다듬었다. 쓰러진 돌담을 다시 쌓고, 흙 속에 박혀 있는 돌을 파내고 가시나무와 칡 넝쿨의 잔뿌리까지 걷어 냈다. 시골 사람은 이 식물들의 번식력이 얼마나 대단한지 안다. 자식들의 수고스러움을 조금이나마 덜어 주려고 유택이 들어설 터를 미리 고른 것이다. 밭 귀퉁이에 산 더덕을 캐 와 심고,

주황색 꽃이 피는 원추리 뿌리를 바위틈에서 캐 오고, 흰 꽃이 피는 어린 동백나무를 터 모퉁이에 가지런히 심었다. 자식들과 손주들이 이곳에 왔을 때 볼거리와 먹거리가 있어야 한다고 생각하셨을까. 아버지는 영전을 집안 정원처럼 다듬고 가꾸었다. 한 해가 지나면서 푸슬푸슬 뭉쳐지지 않던 흙에 생기가 돌기 시작했다.

아버지는 유택의 터를 다듬다 잠시 쉬면서 섬 곳곳에 눈길을 주었을 것이다. 절벽 바위틈에 둥지를 튼 새끼에게 먹이를 물어다 주려고 거친 파도 속으로 활강하는 물수리를 보았을까. 뱃길을 재촉하려고 당신을 깨웠던 새벽 해풍 소리를 마음 깊숙이 담고 있었을까. 어부로 사셨던 아버지는 칠십 평생 하루하루의 일과를 더듬어 유택의 나무와 돌로 구현하려 했을 것이다.

병원에 입원한 아버지는 소장 절제 수술을 받은 후 2주가 지나자 패혈증 증세로 대장이 괴사되었다. 회생할 가망이 없다 했다. 가족이 동의하면 산소 호흡기를 뗄 수도 있다고 말했다. 하루 병원비가 수십만 원씩 들어가는 상황에, 집안 어른들은 산 사람은 살아야 하니 의사의 제안을 고려해 보라고 했지만 자식들은 일

언지하에 거절했다. 당신이 살아갈 숨을 가지고 태어난 것처럼 바다로 돌아갈 숨 역시 당신이 직접 거두는 엄중한 권리를 지켜 드리는 것이 도리라 생각했다. 마지막 숨은 누구도 대신 거두어 갈 수 없다. 평생 숨을 붙들어 온 당신만이 가능하다. 아버지는 그렇게 숨을 거두어 가셨다.

아버지는 어부의 삶을 평생 업으로 삼았다. 늘 목숨을 바다에 맡기고 살았으니 죽음을 대단한 것이라고 여기지 않았다. 노수부는 무덤으로 들어가는 일이 죽는 것이 아니라 어머니의 자궁과 같은 모태(母胎)로 돌아가는 일이라고 생각했을 것이다.

파도는 노수부의 이승에서 마지막 길을 배웅하려고 점잖게 하얀 상복을 입었다. 아버지를 유택에 모시는 날 꽃상여를 멘 젊은 뱃사람들과 섬은 노수부의 죽음을 슬퍼하지 않았다. 그들은 평소 아버지가 자주 찾던 호리병 포구를 돌면서 망자가 누워 있는 관을 메고 배가 파도를 타고 넘는 듯 둥실둥실 춤을 추었다. 먼 바다에서 날아온 갈매기들이 합창하듯 노래하고, 해풍이 불어와 상여에 매달려 있는 종이 봉황을 더 높이 날게 했다. 갯벌도 감추었던 비린내를 한껏 품어 냈다. 뱃사람들과 갈매기와 해풍과 갯벌은 꽃상여가 유택으로 가는 길이 엄숙할 필요가 없다고 생각했을까.

아들 역시 슬퍼하지 않았다. 유택으로 정한 당신의 속마음을 알기에. 집 마당이 훤히 눈에 들어오고, 함께 바다를 누볐던 작은 어선을 볼 수 있어 좋다고 미소 짓던 모습을 보았기에. 아버지가 유택이 들어설 터를 신중히 물색했던 것처럼 그 시기가 오면 나는 어떤 터를 선택해야 할까.

파도

날개 없는 파도가 날아오르려 한다. 수면을 박차고 암벽을 오르려 하지만 절벽은 경계를 허락하지 않는다. 인간의 욕망을 표현이라도 하려는 듯 격동의 몸짓을 해 보지만 번번이 깨어져 하얗게 포말로 산화한다.

바람 부는 날이면 하얀 이빨을 드러내며 달려드는 파도는 비탄의 울음소리를 낸다. 끊어질 듯 지속되는 우울한 음폭이 점점 더 나를 참을 수 없게 한다. 갈매기 한 마리조차 없는 쓸쓸한 해변에서 누군가를 기다리다 지쳐 무너지고 부서진다.

한밤에 울부짖던 그 절규가 아침이면 희망적인 운율로 바뀐다. 여명의 빛이 단단하게 닫힌 내 마음의 문을 두드린다. 보이지 않던 미래가 기대감을 안고 현재를 향해 달려온다. 용서의 목소리가 파란색으로, 그리움의 목소리가 핑크색으로 파도에 묻어온다. 낭만적인 바다의 언어로 거세게 뛰는 바다의 맥박을 노래한다.

한 무리의 파도가 쓸어 가고 나면 다른 무리가 뒤를 잇는다. 그 파도가 나를 태워 갈까 기대해 보지만 발 아래에 도달하면 힘없이 무너진다. 무리들의 죽음이 겹겹이 쌓여 가는 해변의 무덤은 주검의 흔적이 남지 않는다.

밀려오는 파도의 흰 등(登)을 보면 누군가가 그 등을 타고 오는 것 같은 착각에 빠진다. 인간은 태어나면서 누군가의 등을 타고 살아간다. 그것은 신분으로, 유산으로, 직업과 계층과 같은 것이기도 하다. 가문이 흥하려면 시류(時流)의 등에 민첩하게 올라타라 하지만 언젠가는 이름 없는 해변으로 떠밀려 갈 수도 있다는 사실을 잊어서는 안 된다.

파도는 밀려와야 하고 밀려가야 한다. 흰 수의를 입은 파도는 밀려가는 해변의 어느 끝에서 죽음을 맞이한다. 파도는 소멸되어야 완성된다. 파도가 그러하듯 만물의 삶도 주어진 생의 끝자락에서 생명이 시작된다.

다시 읽는 《월든》, 둘

생계

"가난하게 사는 것이 내 계획은 아니었지만 다만 생계를 꾸리는 데 너무 많은 시간을 허비하며 살고 싶지 않다." 소로우는 자발적 가난을 선택했다. 사색하고 독서하고 집필하는 일이 노동보다는 생산적이 일이라 여겼다.

물질이 풍족할수록 사람들은 더 많은 것을 가지고 싶어 한다. 그는 풍족한 물질을 경계했다. 양식을 구하기 위해 감자를 심고, 옥수수를 심고, 월든 호수 근처에서 야생 과일을 따 먹고, 낚시로 생계를 이어 갔다.

그는 무엇보다 자유를 소중히 여겼다. 열심히 일하면 누구나 성공할 수 있다는 사실을 잘 알았다. 고급 양탄자, 값비싼 가구, 맛있는 음식, 그리스식이나 고딕 양식의 저택을 손에 넣는 데 소중한 시간을 허투루 쓰고 싶은 생각이 없었다. 특별한 수고를 들이지 않고 이런 것들을 소유한다 하더라도 기꺼이 물건에 대해 누릴 권한을 양도하겠단다.

소박하고 현명하게 생계를 꾸려 나가는 일이 우선이다. 간소하게 생계를 꾸려 나가는 사람은 여가를 즐기고, 몸을 움직이는 운동을 좋아하고, 산과 바다로 여행하는 것을 즐긴다. 복잡하게 많은 일을 하고 있다면 한두 가지로 줄여야 한다. 먹는 것도 하루 세끼에 간식과 밤참까지 먹는 현대인의 삶을 생각해 보면, 하루 두 끼

정도로 줄인다면 무엇이든 가지고 싶어 하는 욕망이 줄어들 것이라고 소로우는 말한다.

가난을 일부러 자초하는 사람이 있을까? 의식주가 해결되지 못하면 미래에 대한 불안감을 떨쳐 버릴 수 없다. 하지만 소로우는 과감하게 가난한 삶을 스스로 선택한다. 대학을 졸업한 그가 마음만 먹으면 못 하는 일이 있었을까. 당시 신흥 자본주의가 미국 전역을 휩쓸던 시대적 상황을 고려한다면 출세하고 재산 모으는 것은 어려운 일도 아니었을 것이다.

"생계를 꾸리는 데 시간을 낭비하지 않고 산책하고, 집필하고, 명상하는 데 시간을 쏟기 위함"이라고 말한 그의 말이 먹고사는 일에 집중해 있는 우리의 생활 방식에 일침을 가하는 메시지가 아닐까?

음식

'살아 있는 생명'은 내연 기관을 가지고 있는 기계

처럼 '열(熱)'을 몸에 담아야 한다. 음식은 몸의 열기가 꺼지지 않도록 생명을 유지시켜 주는 에너지원이라 할 수 있다. 소로우는 인간과 동물의 몸을 기계에 비유했다. "인간의 몸은 난로이고, 음식은 열을 내는 땔감인 셈이다. 땔감이 꺼지지 않고 잘 타야 열을 내는 것처럼 건강한 음식을 먹어야 한다."

날씨가 추우면 음식을 많이 먹고, 더우면 덜 먹는다. 사람의 열은 체내에서 서서히 연소가 되어야 하지만 연소가 빨리되면 질병이 생겨 죽음을 맞이한다. 많이 먹고 빨리 먹는 것이 건강을 해친다는 의미일 것이다. 소식(小食)하고 천천히 오래 씹는 것이 장수하는 비결이다.

그는 간소한 삶을 추구했지만 식단만큼은 그러지 못했다는 이유를 밝힌다. 건강이 아닌 식욕에 굴복한 탓이란다. 인간이 굶주림에 시달리는 까닭은 먹을 것이 부족해서가 아니라, 물질을 탐하기 때문이다.

3부

사유란

사유란

글에는 쓰는 사람의 인격이 드러난다. 사물의 속성을 파악하는 일은 사물과 소통을 시도하는 일이며, 사물과 사랑을 시도하는 일이다. 작가는 사물을 볼 때 육안이나 생각이 아닌 심안과 영안으로 대해야 한다.

육안으로 사과를 보는 사람은 모양이 둥글고, 크기는 주먹만 하고, 색깔은 빨갛거나 초록색이라는 사실을 이야기한다.

머리로 보는 사람은 사과가 나무에 열린다는 사실, 비타민 C를 많이 함유하고 있고, 뉴턴이 사과가 떨어지는 것을 보고 만유인력의 법칙을 발견해 냈다는 사실을 안다.

심안으로 사과를 보는 사람은 둥글고 빨갛고 초록의 열매를 보고 아름다움을 느낀다. 한 알의 사과에서 한 편의 시를 써내고, 음악을 작곡해 내고 그림을 그려 낸다. 그리고 그 아름다움을 누군가와 나누고 싶어 한다.

영혼의 눈으로 보는 사람은 한 알의 사과에서 자연의 본성이 내게 있다는 사실을 읽어 내고, 신에게도 있음을 깨닫는다. 영안을 가진 사람은 세상에 하찮은 것이 없다. 만물이 진실로 가치 있고 아름답다는 사실을 절감한다. 비로소 진실한 사랑을 느낀다.

인간은 어떤 경우에도 아름답지 않은 것에 사랑을 느끼는 법이 없다. 육안으로 볼 때 추악했던 것이 심안과 영안으로 보면 아름다울 때가 있다. 육안은 생각이고, 심안과 영안은 마음이다.

수많은 선각들이 만(萬) 공부의 근본은 마음에 있고, 생각이 끊어진 자리에 도가 있다고 설파했다. 생각과 마음의 차이는 무엇인가? 여기 흥부의 '마음'과 놀부의 '생각'이 있다. 흥부는 제비의 부러진 다리를 보고 측은지심을 느껴 고쳐 준다. 다리가 부러진 제비를 보고 불쌍한 감정을 일으키는 것, 제비와 나를 동일시하는 정서, 그것이 마음이다. 놀부는 흥부가 제비의 다리를 고쳐 주고 부자가 되었으니 자기도 제비의 다리만 고쳐 주면 부자가 될 수 있다고 생각한다. 성한 다리를 부러뜨린 다음 고쳐 주고는 부자가 되기를 기대한다. 다른 것과 나를 분리해서 판단하는 정서 그것이 생각이다.

깃발이 흔들리는가, 바람이 흔들리는가. 스님들이 깃발이 흔들리느냐 바람이 흔들리느냐를 두고 논쟁을 하고 있다. 그때 지나가는 선승이 말한다. "깃발이 흔들리는 것이 아니요, 바람이 흔들리는 것도 아니다. 그대들의 마음이 흔들리는 것이다." 도(道)는 대상과 나를 동일시할 때 아름다움과 사랑을 느끼는 것이다. 사유를 하고 인문 철학적인 글쓰기도 이와 같은 이치인 셈이다.

용골(龍骨)

요동친다. 집어삼킬 듯 파도가 포악스럽지만 배는 흔들릴 뿐 침몰하지 않는다. 오른쪽에서 밀려오면 왼쪽으로 몸을 돌려세우고, 왼쪽에서 밀면 오른쪽으로 중심을 잡는다. 앞에서 달려들면 뒤로 물러서고, 뒤에서 몰아치면 맞서지 않고 파도의 리듬에 몸을 맡긴다. 맞서지 않고 견뎌 내는 힘은 어디서 나오는 것일까?

배는 물에 뜰 수 있어야 하고, 화물을 싣고 이동할 수 있어야 한다. 물에 띄운 바가지에 약간의 무게 나가는 물건을 올려놓으면 뒤집어진다. 허허바다에서 사람을 싣고 수십 톤의 물건을 실은 배가 물바가지처럼 되지 않으려면 균형을 중심으로 모으는 힘이 있어야 한다.

사람이든 물건이든 제구실을 하려면 골격이 튼튼해야 한다. 집으로 보면 대들보이고, 사람으로 보면 척추다. 척추가 망가지면 사람은 일어설 수도, 굽힐 수도 없듯 집안은 기둥이 있어야 한다.

배의 척추로 하단의 중앙부를 앞뒤로 가로지르는 중심축을 용골이라 부른다. 배를 만들려면 먼저 골격을 세우고 말뚝과 고임목으로 지지대를 고정시킨다. 첫째, 배 밑을 앉히는 일이다. 배가 기울이지 않게 균형을 잡고 지면을 잘 다져 주어야 한다. 둘째, 잘 다듬어진 목재로 배의 바닥과 옆 부분을 용골에 갈빗살을 휘어 붙이는 데 2주가 넘게 걸린다. 나선형으로 목재를 구부린다는 것은 나무의 마음을 얻어야 하므로 나무가 전신을 틀어 휘어지도록 충분한 시간을 주어야 한다. 나무가 심통을 부리면 모든 작업이 중단된다. 서둘러서는 안 된다.

배 만들기가 시작되면 배 목수는 나무의 성질을 다스리기 위해 여러 방법을 동원한다. 중요한 부분에 사용되는 나무는 강도가 달라야 한다. 숯불을 지펴 나무에 열을 가하거나, 짚 가마니를 덮고 뜨거운 물을 붓거나, 양잿물을 데워 붓기도 한다. 나무를 달래기도 하고 협박하기도 해서 성질을 죽여 놓는다.

나무와 대화를 하는 것은 노목수만이 할 수 있다. 나무와 타협을 할 때 몸가짐에 소홀함이 없도록 한다. 평생 나무를 다루는 일에 자신을 온전히 바친 그에게서 수행자의 기품마저 느껴진다. 수십 년간 땅속에 뿌리 내리고 흙과 물, 햇빛과 바람으로 몸피를 키워 낸 나뭇결을 어찌 대수롭게 다룰 수 있겠는가. 사철 기후를 담아 낸 목리는 영묘한 힘이 있어 집채만 한 파도나 암초를 대수롭지 않게 여긴다.

용골을 다듬어 내는 대목수는 대들보를 올릴 때의 진중함을 보여 준다. 목숨이 촌각에 달려 있는 환자를 살리기 위해 메스를 들고 수술을 집도하는 의사의 비장함도 보였다. 너울 파도의 등을 잡아 타고 포구로 돌아오는 노수부의 노련함마저 묻어난다. 수십 년 동안 바다에 떠 있는 한 척으로 배는 단순히 나무가 아니라 노목수의 집념이요, 나무 부림이다.

배를 물속에서 쳐다보면 용골이 하늘로 향한다. 그 모습은 갈대로 덮은 초가집처럼 보인다. 그곳은 할아버지의 고조할아버지, 증조할아버지 때부터 집안 대대로 바다를 터전으로 살아온 집이다. 그들은 매일 아침이면 노를 들고 바다로 나갔다. 살아 있는 뱃사람들은 목숨을 용골에 맡기고, 죽은 어부들은 그들의 영혼을 바다에 맡긴다. 어부들은 죽고 사는 운명을 스스로 결정할 수 없다. 배가 때로는 무덤처럼 보인다.

어릴 때 척추를 다쳤다. 목만 삐죽 내놓고 전신을 깁스하는 대수술을 했다. 할머니 등에 업혀 고집을 부리다 허리를 뒤로 넘겼다 한다. 어부였던 아버지가 섬에서 수술비를 마련하는 것은 쉽지 않았다. 뱃사람이라면 평생 배 한 척 가져 보는 게 꿈이다. 바다 위에 떠 있는 시간이 누구보다 많았던 아버지는 소망했던 작은 어선 한 척을 마련했지만 아들을 살리기 위해 배를 팔아 가장의 책임을 다해야만 했다. 그 배는 집안 대주의 자존심이고, 가족의 목숨줄이나 다름없었다. 용골이 아들의 생명을 살린 셈이다.

험한 바다를 터전으로 살아온 아버지는 삶의 굴곡에 쉽게 무릎 꿇지 않았다. 때로는 바다 날씨같이 성격이 거칠고 불같고 종잡을 수 없지만 용골을 타고 파도를 넘는 아버지는 배와 한 몸이 되어 한없이 부드럽고 너그러워진다.

배가 높은 파도에도 뒤집어지지 않은 이유는 배가 둥글기 때문이다. 용골을 안고 있는 배 밑창을 보면 여자의 버선코처럼 둥글다. 둥근 선에서 나오는 곡선은 버티고, 부딪히고, 앞으로만 나아가려는 힘보다 잠시 멈추고, 수용하고, 물러서는 힘이 되어 배를 견디게 한다.

용골이 단단하면 배가 태풍을 만나도 쉽게 전복되지 않는다. 사람이 세상 풍파에 휩쓸려 넘어지고 또 넘어지더라도 중심을 잡을 수 있는 것도 척추가 꼿꼿해서다. 누구나 용골 같은 기개를 가지고 있다면 급격히 변하는 시류(時流)에도 흔들림이 없을 것이다. 그것이 사람과의 관계를 부드럽게 하는 사교성이라도 괜찮고, 어려운 고비를 참아 내는 인내심이라도 괜찮다.

뱃사람은 대들보가 있는 초가집에서 태어나고, 용골

을 타고 바다에서 살아가고, 다시 초가지붕 무덤으로 돌아온다. 어부는 용골을 떠나 살 수 없다. 배는 탄생과 죽음이 공존하는 곳이다.

- 2023년 천강문학상 우수상 작품 -

분노 속에 키우는 흰 고래

고래의 섬 보스턴의 난터켓(Nantucket)에는 오랫동안 고래를 잡아 온 피쿼드(Pequod)호가 항구에 정박해 있다. 오십 년 이상 햇빛과 폭풍우에 시달린 돛은 갈기갈기 찢어지고, 빛이 바래고, 배는 군데군데 고래의 이빨 자국이 선명하다. 그 자국에서는 바다를 누빈 고래잡이의 세월의 흔적이 읽힌다.

피쿼드호의 에이해브 선장은 흰 고래에게 다리 한

쪽을 잃는다. 그는 철천지원수 모비 딕을 잡아 죽이는 것이 삶의 유일한 목표였다. 모비 딕은 거대한 산(山)만 한 흰 고래다. 모비 딕은 고래가 아니라 분노의 신일지도 모른다. 분노의 신의 노여움을 사면 죽음에서 벗어나지 못한다.

분노는 어디에서 나올까? 원래의 질서로 되돌려 놓겠다는 마음에서 시작할지 모른다. 누군가에게 부당한 대우를 받을 때, 자신의 능력을 인정받지 못할 때, 자신의 소중한 것을 빼앗겼을 때 분노가 생긴다. 우리는 살아가면서 이런 상황에 처하게 되면 잃었던 것을 원래대로 돌려놓고 싶은 것이 인지상정이다. 분노하는 사람들은 질서를 원한다.

에이해브 선장은 분노의 화신이다. 모비 딕은 선장에게 복수심을 유발시키는 대상이다. 그는 잔인한 운명에 맞섰다. 그를 더 복수심에 불타게 한 것은 자기가 짚고 있는 목발을 바라볼 때이다. 선장은 대양의 주인이 되고 싶어 하고, 신이 되고 싶어 했는지도 모른다.

복수심에 사로잡힌 사람은 자기를 파괴한 대상을 절멸시키고 눈에는 눈 이에는 이로 갚으려 한다. 복수심은 차갑든 뜨겁든 갈증만 남긴다.

생각해 보자. 만약 자신이 에이해브 선장처럼 복수심으로 가득 찼다면 같은 인간으로서 흰 고래를 죽이고 싶었을 것이다. 사람들은 이미 일어난 일에 대해 현실을 부정할 수 없다. 현실 앞에 인간은 분노한다. 모비 딕은 가혹한 현실을 상징한다.

거세게 불었던 바람이 잔잔해지면 파도가 잔잔해지는 것처럼 분노 역시 마찬가지다. 선원들을 공포에 떨게 했던 에이해브 선장처럼 분노한 상태일 때는 행동이나 말을 함부로 해서는 안 된다. 행동하고 말하는 순간은 후련함을 느끼지만 감정이 썰물처럼 흘러가고 나면 대가를 톡톡히 치른다. 걷잡을 수 없는 분노는 태풍처럼 불필요한 에너지를 낭비한다. 태풍이 지나가면 배는 군데군데 파손되고 돛은 갈기갈기 찢긴다. 사람의 관계도 마찬가지다.

분노가 폭발하면 문제를 이성적으로 생각하지 못한다. 분노한 사람은 상황을 왜곡해서 바라본다. 분노에 휘감겼을 때는 행동을 하지 말고, 말을 하지 말고, 사람을 만나는 것도 경계해야 한다. 우선 분노 달래야 한다. 이럴 때는 그 상황에서 벗어나야 한다. 미팅 중이라면 잠시 휴식 시간을 가지는 것도 좋다. 사소한 문제에 대한 분노로 자신의 얼굴에 미소가 사라지진 않았는지 거울에 얼굴을 비춰 봐야 한다. 분노 속에 키우는 흰 고래는 놔주고 복수심에 불타는 상처를 치료해야 한다. 우리가 살아가는 세상은 따뜻하지도 포근하지도 않다.

《모비 딕》은 손에 잡히지 않는 꿈을 쫓는 삶의 이야기이다. 사람은 무엇인가를 늘 찾아 헤맨다. 하지만 헤맨다고 원하는 것을 모두 손에 넣을 수 없다. 흰 고래는 꿈의 상징일 수 있고 분노와 복수심의 상징일 수도 있다. 우리가 쫓는 흰 고래는 무엇일까?

바다, 신중함 일깨워 내다

바다는 생명을 탄생시키지만 숨을 거두어 가기도 한다. 사고가 일어나면 바다는 어설프게 목숨을 다루지 않는다. 확실하게 숨을 끊어 놓는다. 바다는 삶을 정확하게 두 기준으로 나눈다. 바로 생(生)과 사(死)다.

잃는다는 것은 물질적인 것뿐 아니라 삶의 가치, 희망, 자신감, 순수함도 포함된다. 믿고 의지해 왔던 우정을 잃고, 평생을 바쳐 왔던 직업을 잃고, 자신을 지탱해 준 의지와 신념까지도 잃는다. 떠나보내야 하는 것에서 생기는 상실감은 생의 의지를 꺾어 놓는다. 상실을 겪으며 생의 항로를 잃어버린다. 사소하게 생기는 상실감은 파도가 일어나고 사라지는 것만큼 일상적이다.

뱃사람은 바다에서 살아남기 위해 포악스러운 파도와 바람에 맞서지 않는다. 자연의 순리에 따른다. 바다의 무자비함을 당해 낼 방법이 없다는 걸 그는 경험을 통해 이미 몸소 깨달았다. 어부가 바다의 그 무자비함으로부터 자신들을 지키기 위해 견뎌 내는 힘을 키운다. 그 인내심이 그의 목숨을 부지할 수 있게 한다. 생명의 촌각을 다투는 뱃사람에게 갈등, 타협, 권위주의는 없다. 신중함이 있을 뿐이다.

불행은 시간과 장소를 가리지 않는다. 불행이 몰고 온 역경을 이겨 낼 수 있는 것은 과감함이 아닌 신중함이다. 사람들은 과감한 행동을 하지 않으면 '우유부단하다', '두려워한다'라고 말하지만 신중함은 소심한 마음도 두려워하는 마음도 아니다. 신중함은 역경을 이겨 내는 방패가 된다. 불투명한 미래를 예측해 낼 수 있는 힘은 신중함에서 나온다. 뱃사람이 바다 날씨를 예측할 수 있는 것은 신중함이다. 구름의 색과 모양, 바람이 부는 방향과 바닷새들의 날아가는 속도, 파도의 모양이 날카로운지 둥근지를 살펴 내는 신중한 관찰력 덕분이다.

성질이 불같은 뱃사람도 배에 오르면 욱하는 성질을 죽인다. 신중함만이 살길이란 사실을 누구보다 잘 안다. 육지 생활을 하는 사람도 다를 바 없다. 촌각을 다투는 일이라도 서두르지 않고 차 한잔의 여유를 가지면 성급함으로 생기는 실수를 줄일 수 있다. 서둘러 결정하지 않는 약간의 여유가 삶의 길을 부드럽게 해 준다.

삶에서 확실한 것은 없다. 단지 신중을 읽어 낼 뿐이다.

슴베

불덩이다. 시뻘겋게 달구어진 쇠붙이가 몸통을 찌른다. 쇠가 야멸차게 찔러도 하얀 연기를 뿜어 신음만 낼 뿐이다. 나무와 쇠가 만나 다른 몸이 하나가 된다. 약하고 가벼운 것이 강하고 무거운 것을 감싸안는다.

어느 시골집이든 광에 곡식이 비어 있어도 부엌에 식칼 한 자루, 헛간 시렁에 호미와 낫 한 자루는 걸려 있다. 밭을 일구는 농부나 섬 아낙에게 없어서는 안 될 자식과 같은 귀한 물건이다. 뭍으로 장을 보러 나가면 생활필수품을 사는 것보다 연장을 구입하거나 수리를 우선으로 한다. 사시사철 밭이나 갯가로 나갈 때 호미와 부엌칼을 대바구니에 담아 들고 나가면 푸성귀나 갯가에서 나오는 물엣 것을 한 광주리 가득 담아 온다.

칼과 호미의 몸통과 손잡이를 연결해 주는 검지 절반도 안 되는 쇠붙이를 슴베라 한다. 연장의 효율성으로 따지자면 칼날이나 호미 날이 월등하지만 짧고 뭉툭하고 보잘 것 없는 그것이 없으면 무엇이든 자르거나 파낼 수 없다.

슴베를 벼리는 일은 어머니를 향한 애정 표현이다. 손잡이를 쓸모 있게끔 만들어 아내의 손을 가볍게 해 주는 것이 남편의 사랑이라고 생각했을 것이다. 솜씨 좋은 대장장이가 만든 날씬하고 보기 좋은 호미가 여러 개나 광에 걸려 있지만 어머니는 그중 투박한 손잡이를 고집한다.

대장장이가 몸체를 만들어 놓은 것을 뭍에서 구입해와 다시 담금질하여 아내의 손에 착 감기도록 손잡이를 만든다. 할아버지가 만들어 왔던 방법으로 산에서 붉은 황토를 가져오고, 갯가에서 파도와 세월과 바람과 물살에 깎이고 깎인 둥근 돌을 모아 바지게에 지고 온다.

아버지는 구들장에 아궁이처럼 흙과 돌로 쇠를 달굴 자연 풀무를 만들어 낸다. 세상에 쓸모없는 것은 없다는 듯 모나고, 둥글고, 거칠고, 매끌매끌한 돌멩이를 모양 그대로 둥그렇게 돌담을 쌓아 올린다. 바람이 잘 들도록 길을 내고 불이 살아 꿈틀거리도록 군데군데 숨구멍을 뚫는다. 사람이 숨을 쉬는 것처럼 불도 들숨과 날숨을 쉬어야 꺼지지 않고 열이 숯을 뭉근하게 감싼다.

뭍에 있는 대장간에서야 석탄을 태워 쇠를 달구지만 섬에서는 그런 값진 광물을 손에 넣을 수 없다. 아버지는 땔감 할 나무를 찾아 필봉산을 오른다. 쉽게 확 타오르고 꺼져 버리는 잡목은 아예 쳐다보지도 않는다. 태풍을 견뎌 내고 해풍에 실려 오는 짠물을 한껏 먹어 옹이진 해송쯤 되어야 숯이 뭉근하고 열을 오래 품는 법이라 했다.

대장장이는 쇠를 두드리기 위해 받침대로 쇠를 사용한다. 이것을 모루라고 한다. 아버지는 쇠모루 대신 푸른색 돌을 사용한다. 둥글둥글하고, 단단하고 가슴에 안아 올릴 정도의 큼직한 몽돌을 지게에 지고 온다. 아버지는 겉과 속이 바다처럼 푸른색을 띠는 그 돌을 청돌이라 했다. 모난 돌이 수백 년 동안 거친 파도의 두들김을 당하고 조류에 휩쓸리면서 쇠모루 못지않게 단단하다. 망치로 두들겨도 잘 깨지지 않고 탄력성마저 좋다. 달구진 쇠를 몽돌에 대고 두드리기 시작한다. 몽돌의 탄력성을 이용하여 슴베를 골고루 다듬이질할 수 있다.

슴베를 받아들일 손잡이는 무조건 단단하다고 좋은 것이 아니다. 단단해도 충격을 가하면 쉽게 갈라진다. '강하면 부러진다'라는 말도 있다. 박달나무 같은 고급 재목은 섬에서 찾아 볼 수 없거니와 필요도 없다. 아버지는 슴베의 짝으로 생소나무를 선택한다. 갓 잘라낸 소나무는 송진을 한껏 품고 있어 달궈진 슴베가 들어갈 길을 내어 준다. 자리를 틀고 앉은 작은 쇠붙이는 송진이 천천히 말라 가며 손잡이와 일체가 된다.

풀무의 온도는 높지도 낮지도 않은 중용의 미덕을 가져야 한다. 쇠를 달구는 온도가 낮거나 지나치게 높아도 안 된다. 검붉은 빛이 나면 달구어진 쇠의 온도가 낮아 슴베는 손잡이 몸통을 뚫고 들어갈 수 없고, 하얀빛이 나도록 많이 달구면 쇠가 물러져 구부러진다. 검붉은 빛이나 하얀빛이 아닌 노란빛이 되었을 때 슴베가 단번에 치고 들어가 손잡이에 자리 잡을 수 있다.

쓸모 있는 슴베가 만들어지기 위해선 열을 가두어 주는 흙(土)과, 달구어 내는 불(火)과, 강도(剛度)를 높이려는 물(水)과, 식혀 주는 바람(風)과 급하고 모난 성격을 다스려 내는 아버지의 인내심이 하나가 되어야 한다. 자식들이 이런 참을성을 보고 배워 섬을 떠나서도 객지 생활을 무탈하게 해 나갈 수 있도록 아버지가 몸소 일깨워 준 것이다.

손톱만 한 나사나 볼트가 하늘을 나는 비행기를 멈추고, 망망대해를 항해하는 배를 멈추고, 고속도로에서 달리는 자동차를 멈춘다. 사람들의 관심을 받지 못하는 작은 부품이 때로는 수백 명의 생명을 앗아 가기도 하고 살리기도 한다. 작은 것이 제자리에서 역할을 할 때 쓸모 있는 힘을 발휘하듯 칼이나 호미도 슴베가 없으면 자르고 파낼 수 없다.

- 2022년 한국문화예술위원회 아르코 선정 작품 -

다시 읽는 《월든》, 셋

노동과 빚

사람들이 고생을 자초하는 것은 잘못된 생각 때문이다. 육신은 때가 되면 신분을 가리지 않고 땅에 묻혀 흙과 물과 유기물이 된다. 우리가 '어쩔 수 없음'이라는 단어의 의미가 갖는 운명에 현혹되어 먹고살 만큼 이상의 재물을 모으는 데 평생을 허비한다. 과도한 욕심과 부질없는 걱정과 몸을 망치는 과로 탓에 삶이 주는 달콤한 열매를 맛보지 못한 채 하루하루를 근근이 살아간다.

무엇이 사람을 일의 노예로 만드는가? 인간은 한 끼 먹거리만으로 충분히 하루를 견뎌 낼 수 있는데도 왜 더 많은 재물을 모으기 위해 일이 자신을 부리도록 놔두는가? 평생을 어깨에 짊어지고 온 빚 때문인가? 경제적인 여유가 여의치 않아 부채에서 헤어나려고 애를 써 보지만 빚은 늘 깔딱고개처럼 한계점에 도달해 있다. 빚은 한번 빠져들면 늪처럼 쉽게 빠져나올 수 없다. 소로우가 살았던 19세기나 지금이나 빚이라는 것은 사람의 목숨줄을 쥐고 있는 셈이다.

자연과 인간

자연은 인간의 기질만큼이나 가지각색이다. 삶이 우리에게 무엇을 가져다줄지 누가 미래를 예측할 수 있겠는가. 사람이 서로의 눈을 잠시 들여다보는 것보다 세상에 더 큰 기적이 있을까? 인간은 짧은 시간에 세상의 모든 시대의 온갖 삶을 살아야 하는 운명을 짊어지고 태어났다.

인간이 자신의 내부에서 삶의 동기를 찾아야 한다는 점은 불변의 진리다. 자연의 하루는 평온하여 인간의 게으름을 꾸짖는 법이 없다.

인간은 어머니 같은 대지를 도둑의 눈으로만 본다. 사람들은 땅을 재산을 획득하는 수단으로 여긴다. 이런 탐욕과 이기심 탓에 자연은 훼손되고 농촌은 폐허가 되고 농사를 짓는 사람은 가난한 삶을 산다. 땅을 즐기되 소유하려 들지 말아야 한다. 흙에 대한 애정이 부족한 탓에 땅을 사고파는 행위를 되풀이하면서 삶을 소모한다.

여백

일을 잘하는 노동자는 자신의 하루를 일로 빽빽이 채우지 않는다. 틈틈이 휴식과 여가를 즐기며 느긋하게 일한다. 소로우는 “왜 암탉은 하루 종일 한 개의 알만 품는가?”라고 했다. 암탉이 하루 한 개의 알을 낳기 위해 따로 준비하는 분주함은 없다. 일을 많이 하는 사람들은 열심히 하지 않는 사람들이다.

소로우는 자신의 삶에 여백을 두고 싶어 했다. 가끔은 여름날 아침의 일상이 된 목욕을 하고, 햇볕이 잘 드는 문간에 앉아 해 뜰 녘부터 정오까지 몽상에 빠져 있곤 했다. 소나무와 호두나무와 옻나무 사이에서 문명에 방해받지 않고 숲속의 새들이 대화를 하는 것을 엿들었다. 삶의 여백을 두는 것이 노동을 해서 얻는 것보다 옥수수의 알맹이처럼 자신이 영글어져 간다고 생각했다.

아침

소로우는 하루 중 의미 있는 시간을 가장 정신이 맑고 깨어 있는 아침이라고 했다. 기계 문명이 만들어 놓은 자명종 소리에 깨어나는 것이 아니라, 물결치듯

숲에서 전해 오는 천상의 음악과 대기를 가득 메운 숲의 향기로부터 퍼져 나오는 힘으로 깨어난다면 우리의 삶은 훨씬 고귀해질 거라 한다.

자연의 힘을 받고 사는 사람에게 하루는 늘 아침을 맞이하는 거나 다름없다. 시계가 몇 시를 가리키든 사람들이 서둘러 일터에 나가는 것조차 중요하지 않다. 지독히 형편없는 하루를 보냈더라도 깊은 사고를 하는 사람에게 깨어 있는 의미 있는 하루가 된다.

어떤 사람들은 육체노동을 하는 데 부족함이 없을 만큼 깨어 있기는 하지만, 지적인 능력을 발휘하며 삶을 살아갈 만큼 깨어 있는 사람은 많지 않다. 사람이 하루 동안 아침을 몇 번 맞이할 수 있느냐는 자연을 얼마나 가까이하느냐에 달려 있다.

4부
CPR

가방

사람은 누구나 가방 하나 정도는 가지고 다닌다. 그 가방에는 물건이 담겨 있고, 꿈이 자라고 있고, 자존심이 칼날같이 꼿꼿이 서 있고, 생각이 담겨 있다. 그중 가장 무겁고, 질기고, 부피를 잴 수 없는 물건이 생각이다. 그 가방을 들고 다니는 사람들은 몸이 늘 아프다.

물건을 담는 가방

객지 생활을 하면서 철공소, 보세 공장, 문 공장 등을 전전하다 보니 그럴싸한 가방 하나 들고 다녀 본 적이 없다. 의자 두 개 정도 들어가는 공간에 잠시 몸을 접었다 나오는 독서실 생활을 한 탓에 도시락 가방은 언감생심이었다. 독서실은 책을 넣어 다니는 가방이 필요한 곳이어야 하지만 나같이 머무는 곳이 정해져 있지 않은 사람에게는 가방이 그다지 필요하지 않다. 먹어 채워야 하는 몸 가방이 중요했다.

나에게 옷은 가방이다. 군인들이 입는 건빵 바지와 야상 점퍼는 주머니가 필요 이상으로 많다. 수건 한 장, 칫솔과 치약, 속옷 한 벌, 양말 두 켤레를 주머니에 넣고도 여분이 남는다. 헐렁한 군복 한 벌이면 계절에 상관없이 입고 다닐 수 있다. 추우면 겉옷을 입고, 더우면 벗으면 된다. 참 간편했다. 세탁을 자주 하지 않아도 사람들의 시선을 끌지 않는다. 군복은 한 달에 한 번 빨아도 금방 빨아 낸 것처럼 언제나 깨끗하게 보인다. 가방을 나만큼 깨끗하게 자주 청소하고 다닌 사람이 있을까.

책을 넣고 다니는 가방을 가져 보고 싶었다. 영어 사전을 넣을 수 있고, 읽을 만한 소설을 한 권 넣을 수 있고, 필요할 때마다 메모할 메모장과 필기도구를 넣을 수 있는 가방 말이다. 가방은 공부하는 사람이나 그럴듯한 직업을 가진 사람들이 가지고 다니는 것으로 여겼다. 스무 살까지는 가방이 필요하지 않았다. 내 가방을 가졌을 때 비로소 사람 구실을 하는구나 생각을 했다.

꿈을 담는 가방

장사상륙작전전승기념관을 관람했다. 그곳에 전시되어 있는 책가방을 보고 그 자리를 떠날 수 없었다. 관람객이 많았지만 가방에 눈길을 주는 사람은 없다. 나는 이름 없는 학도병의 책가방을 보고 움직이지 못하고 마네킹처럼 십여 분을 서 있었다. 가방을 놓고 고사리 같은 손으로 총을 들었을 것이다.

인천 상륙 작전을 성공시키기 위해서 후방 지역까지 점령한 북한군을 교란시킬 목적으로 경상북도 영덕군

장사리 해안 상륙 작전을 시도했다. 학도병은 가방을 둘러멘 채로 전쟁터로 향했을 것이다.

그의 책가방에는 청년의 꿈이 담겨 있었을 것이다. 부모님의 자존심을 세워 주려는 꿈, 형님과 오빠로서 동생들에게 반듯함을 보여 주려는 꿈이 아직 영글지도 않았다. '신체발부 수지부모'라 했다. 부모에게서 받은 소중한 몸을 가볍게 여길 만큼 무엇이 그들에게 몸을 불사르게 했을까?

자존심을 담는 가방

학교 일로 해외를 갈 때마다 아내에게 백 하나 선물하겠다고 공언했지만 이런저런 이유로 약속을 지키지 못했다. 이번 중국 출장길에는 꼭 백을 선물하겠다고 약속을 했다.

탐방 마지막 날 학생들과 짝퉁 시장을 방문했다. 진짜일 것 같은 물건들이건만 1층에서 5층까지 모두 짝퉁이란다. 사람도 건물도 모두 짝퉁이 아닐까 하는 착각마저 들었다. 여학생 몇 명이 가방을 흥정하는 것을 나는 흥미롭게 지켜봤다. 여학생들이 저렴한 가격에 명품 백을 사는 것을 보자 이거구나 하는 생각이 들었다. 학생들 보란 듯이 노련한 협상을 시작했다. 일곱 번의 실랑이를 벌인 끝에 겉으로 보기에 괜찮은 프라다 백을 하나를 샀다.

학생들에게 교수의 노련한 협상 과정을 제대로 보여준 셈인데 기분이 썩 좋지 않았다. 성공했다는 기분보다 아내에게 미안한 마음이 들었다. 가격을 후려칠 때마다 아내에게 선물하려 했던 남편의 순수한 마음이 조금씩 깎여 나갔다. 물건 값을 아홉 배나 깎았는데 가벼워야 할 마음이 구백 배나 무거웠다. 백을 가진 사람이 좋아 보이는 게 아니라 그 안에 담길 물건과 사용하는 사람의 인격이라고 합리화시켜 보지만 아내에게 미안한 마음은 사라지지 않았다. 아내의 가방에는 남편의 자존심이 담겨 있다.

생각을 담는 가방

가방은 실체가 없다. 때로는 텅 비어 있기도 하고 꽉

차 있기도 하다. 이것은 '내가 누구인가?', '어떻게 살아 왔는가?', '남아 있는 삶은 어떻게 살아야 하는가?'를 생각하게 해 주는 관념의 가방이다.

마음 가방이라면 삶의 무게조차 담아 낼 수 있다. 삶의 희로애락을 어떤 가방으로 담아 낼 수 있겠는가. 그 가방에는 누구에게도 하소연 못 하는 고달픔과 한숨도 차곡차곡 넣어 두고, 한때 치열하게 살았던 열정도 식혀 두고, 터벅터벅 내딛는 퇴근길에 가끔씩 대포 한 잔으로 쪼들린 주머니 사정도 구겨 넣는다. 삶의 애환을 담는 이 가방은 담을수록 무거워지는 것이 아니고 가벼워진다.

텅 비어 있다. 담을수록 가벼워진다. 슬픔이 그 안에 들어가면 눈가의 웃음 주름살로 바뀐다. 불같은 성질은 느긋해지고 분노는 용서에 자리를 내어 준다. 만사(萬事)가 희망으로 빛난다. 무엇을 담든 가방은 그것들을 비워 내고 순화시켜 낸다.

CPR

생명을 살리는 데 심폐소생술(CPR)이 필요한 것처럼 꺼져 가는 삶에도 필수 불가결하다. 절망에서 헤어나지 못할 때, 오랫동안 계획했던 일이 수포로 돌아갈 때, 사랑하는 가족과 영원히 이별을 고해야 할 때, 그것은 희망이 없는 삶에 불씨를 살려 낸다.

절망으로 삶이 지쳐 갈 때 노래 한 곡이, '힘내라'는 말 한마디가, 책 한 권이 멈출 것 같은 심장을 다시 뛰게 한다. 정치하는 친구의 일을 2년이나 돕다가 퇴근길에 전화 한 통으로 해고를 당했다. "내일부터 일 나오지 말게." 그것으로 끝이었다. 책장에 꽂혀 있는 백여 권의 책을 가지러 갔을 때 경비원이 나를 막아섰다. "교수님 정말 죄송합니다. 회장님의 지시가 있어서요." 아니 내 물건 가져가겠다는데 어떻게 이럴 수 있습니까? 제가 이런 취급을 받아야 할 이유를 말해 주십시오. 연구실에서 늘 옆에 끼고 살았던 내 분신 같은 책들을 그렇게 잃었다. 그 친구와의 우정을 이해하는 데 5년이라는 세월이 흘렀지만 아직이다.

2년을 거의 집 밖으로 나가지 않았다. 아침 6시에 일어나서 새벽 2시까지 숨 쉴 수 있는 방법을 찾아 헤맸다. 살아 있다는 것을 확인하기 위해 오직 책을 읽고 글을 썼다. 지금 생각해 보면 그런 대접을 해 준 친구가 고맙다. 숨을 쉴 수 있는 방법을 찾도록 도와준 은인이라고 할까. 20년 동안 학자의 자존심을 지켜 온 삶을 절망으로 내몰릴 때 책이 나를 살리는 심폐소생술이 되었다.

다산 선생은 폐족(廢族)을 면치 못하는 불운이 닥쳤을 때도 그 가문을 살린 것이 책이다. 가장이 유배당한 집안의 자손이 처신을 잘하기 위해서는 책을 멀리해선 안 된다고 강조한다. 유배지에서까지 아들 학유에게 독서를 독려한다. 선생은 아들에게 책을 읽으면서 내용이 익숙할 때까지 읽고 또 읽어야 하고, 무슨 책을 읽든지 읽고 나면 반드시 자신의 생각을 정리해야 한다는 자세한 방법까지 서신에 적어 보낸다.

도대체 책이 뭐라고, 다산 선생은 아들에게 그렇게 책을 읽으라고 한 것일까? 그는 책을 통해 새로운 삶을 만날 수 있다고 믿었다. 헐벗은 정신이 책이라는 양식을 통해 풍요로워지면 새로운 삶을 설계할 수 있다고 믿는 것이다. 다산 선생의 이런 믿음이 틀린 게 아니라는 걸 증명해 준 사람들이 시리아의 국민들이다.

전쟁으로 모든 것이 파괴된 나라에서도 책을 통해 새로운 삶을 설계해 내려는 의지의 국민도 있다. 시리아 국민들이다. 국민들은 정권이 교체되어 누구나 자유롭게 말할 수 있는 언론의 자유가 보장되길 원했지만 정부는 그들을 외면하고 무장 테러 단체로 몰았다. 국민들을 향해 방아쇠가 당겨지고 곳곳에 폭탄이 터졌다. 건물은 파괴되고, 봉쇄된 도시에는 생존 필수품이 끊겼지만 무너진 건물과 건물 사이에 새로운 공간 하나가 생겼다. 폐허가 된 건물 지하에 도서관이 들어선 것이다.

창문 하나 없는 캄캄한 지하실에 몇몇 사람들이 도서관을 만들었다. 그들은 버려진 책을 모으며 파괴된 다라야를 다시 일으켜 세울 수 있다고 믿었다. 책을 모으는 사람들은 평소에 책을 가까이하는 사람들이 아니었다. 폭격에 맞아 무너진 잔해 속에서 책을 찾고 책에 이름을 붙여 차곡차곡 쌓을 때 그들은 그 책들이 조국의 유산이라고 생각을 했을까. 지하에 도서관이 있다는 사실이 입으로 전해지면서 사람들이 하나둘 찾아왔다. 밖에서는 총소리가 나고 폭탄이 떨어져도 도서관을 찾는 사람들의 발걸음은 더 늘어났다. 그곳에서 사람들은 책을 읽으며 잔악해지려는 인간의 순수한 본성을 지키려 했고, 깡그리 사라진 그들의 꿈을 설계했고, 다시 엄마의 자궁에서 태아가 자라는 것처럼 자신을 키웠다.

필자는 독서와 글쓰기로 힘들었던 오랜 시간을 버티어 낼 수 있었고, 다산 선생은 가문이 멸문지화를 당하면서도 책으로 선비의 자존심을 붙들었으며, 다라야 시민들은 전쟁 속에서 잔악해지려는 인간의 본성을 지키려 했다. 책이 CPR인 셈이다.

괴목(槐木), 천년을 잇다

죽어 간다. 몸통이 없다. 검은 뼈가 훤히 드러나 보이는 팔 하나로 천년의 숲을 지켜 왔다. 세월에 육신을 내주었지만 지켜야 할 것이 있기에 살아야 한다는 결기는 꺾이지 않는다.

수령이 육칠백 년쯤 되는 소나무, 벚나무, 팽나무는 이 숲에서 잡목 취급을 받는다. 숲을 중심으로 걸어서 사방으로 십여 분 거리에 고대 신라의 무덤 양식을 보여 주는 천마총, 왕들이 묻혀 있는 대릉원, 세계 최고의 천문대인 첨성대, 발굴 중인 왕궁 터, 조선 시대 경주의 최 부자 댁이 지척에 있는 것은 우연이 아닐 터.

계림(鷄林)의 숲에서 가장 오래된 나무는 천삼백 년 된 회화나무이다. 이 나무를 괴목이라고도 한다. 괴목의 괴(槐) 자는 귀신과 나무를 합쳐서 만든 글자이다. 중국에서는 상서로운 나무를 문 앞에 심어 두면 잡귀신의 접근을 막아 집안을 평안하게 해 준다 믿었다. 우리나라에서는 행운의 나무로 궁궐의 마당이나 서원이나 향교와 학당에 심어 악귀를 물리쳤다. 옛 선비들은 학문을 게을리하지 않겠다는 다짐으로 마을 어귀에 심기도 했다.

회화나무는 김씨 시조인 알지의 탄생 설화가 전해 오는 천년의 숲에 처음 몸을 부렸다. 그는 신라의 흥망성쇠를 지켜봤다. 내물왕이 군대를 이끌고 낙동강 동쪽 진한을 정복했다는 기쁜 소식을 들었다. 선덕여왕이 첨성대를 세워 배고픈 백성들을 기근에서 구해 내려고 했다. 농사 시기를 가늠하고 절기를 연구하는 석공들이 정교하게 다듬어 낸 돌 하나하나를 신중하게 쌓아 올리는 모습도 먼발치에서 보았다.

수령이 천 년이 넘은 회화나무는 괴화라는 꽃을 피워 낸다. 이름만 들으면 등골이 서늘해지고 소름이 돋지만 아기자기한 꽃을 보면 선입견이 얼마나 무서운지를 알게 된다. 나뭇잎은 아카시아 잎처럼 둥글다. 괴화는 황백색의 꽃잎으로 꽃대는 가늘고, 작고, 몸체는 가볍고 연약하기 짝이 없다. 계림의 숲이 시작되고 단 한 계절도 거르지 않고 꽃을 피웠을 것이다.

계림에서 시작해 조선을 거쳐 지금에 이르자 숨 쉬는 것조차 버거워한다. 언제 멈추어도 이상할 것 없다. 큰 뿌리는 세월 앞에 몸을 내 준 지 오래다. 작은 뿌리 몇 개만으로 천 년 동안 키워 온 몸피를 지탱하고 있다. 천삼백 번의 봄을 맞이해도 싹을 틔우고 꽃 피우는 일을 게을리하지 않았다. 회화나무는 봄이 왔다는 전령을 보내 주어야 계림의 숲은 봄맞이 준비를 한다.

회화나무는 계림의 역사를 지켜보며 이야기를 쓴 필경사이다. 김알지의 설화 이야기, 석굴암 내 본존불상을 조각한 석공 이야기, 성덕대왕신종을 주조한 대장장이와 비천상 무늬를 그려 넣은 조각가 이야기, 불사(佛事)를 도우러 온 백성들의 애환을 담은 바람 노래

이야기 등을 나이테에 기록하고 또 기록했을 것이다.

풍장으로 뼈와 살이 허물어진 곳에 진흙이 채워져 있다. 온몸에 쇠못이 촘촘히 박혀 있다. 바람에 떨어져 나가는 한 꺼풀의 나이테를 붙잡아 두려고 했을까. 수액을 천천히 고갈시켜 죽으려고 했을까. 왜 이런 고통스러움을 자초했을까?

평등하게 살아야 할 세상에 골품 제도를 만들어 왕족과 귀족과 평민으로 계급을 나누어 사람을 차별한 이유를 따지지 못했다. 형제의 자식과 자매까지도 아내로 맞이할 수 있도록 사회를 혼란스럽게 한 제도에 눈 감고, 귀 닫고, 입을 닫았다. 계림이 쇠락의 길로 들어서고 마을에 기근이 들어 사람들이 굶어 죽은 것을 보고만 있었던 자책 때문일 것이다.

회화나무는 앉은 자리에서 천 년을 하루같이 묵언수행을 해 왔다. 몸을 움직일 수 없으니 생각을 바꾸는 일을 화두로 삼았다. 생각을 바꾸지 않는 한, 단 한 걸음도 정진해 나아갈 수가 없다. 뿌리와 가지를 사방으로 뻗어 내고 잎을 피워 내고 꽃봉오리를 맺게 하는 힘은 집착에서 벗어나려는 수행에서 나왔을 것이다.

땅속 깊이 토굴을 파고 수행해 온 회화나무의 뿌리는 인간처럼 기쁨, 노여움, 슬픔, 즐거움, 사랑, 미움, 욕망을 다스렸다. 천년의 숲을 보존하려면 고목들이 자기 영역을 넓히고 경쟁하듯 몸집을 키우려는 욕심을 내려놓아야 했다. 자기 성찰로 뿌리를 내리는 방향을 결정해야 하고, 어떤 가지는 살리고 버릴지도 판단해야 했을 것이다. 햇빛이 잘 드는 곳을 먼저 차지해 가지를 키우려는 줄기를 설득해서 양보해 줄 것을 중재하는 일도 소홀히 하지 않았다. 그는 천 년 동안 숲을 지키는 소임을 게을리하지 않았다. 욕심을 부리는 몸의 일부는 단호히 생명수를 차단해 고사(枯死)시키는 솔선수범을 보여 왔다.

노승이 정좌하고 오관(五官)을 다스리는 수행을 게을리하지 않는 것처럼 천년 목(木)은 계림의 숲을 지키는 데 자신의 육신을 보시했다. 땅이 갈라지는 극한 가뭄이 들면 단 몇 방울의 물이라도 함께 나누어 서로의 생명을 지켜 주었다. 홍수가 나서 숲이 물에 잠기고 흙이 떠내려갈 때는 뿌리를 더욱 깊이 내려 필사적으로 서로의 몸을 껴안았을 것이다.

태어난 자리, 태어난 바로 그 자리에서 회화나무는 천삼백 년 동안 계림의 숲을 지켜 왔다. 마지막 남은 물 한 방울로 숲을 지켜 갈 후손을 탄생시킨다. 천 년을 키워 온 몸피를 뚫고 달팽이 걸음으로 나오는 쌀 한 톨만 한 순백의 꽃을 백여 그루의 생목신(生木信)들이 국궁의 자세로 맞이한다.

걷고 싶은 길

아쉬운 일이다. 도미노 패처럼 하나둘 꼬리를 물고 흔적 없이 사라진다. 기억이나 냄새, 얽혀 있는 온갖 사연도 여름 한낮 아스팔트 위에 떨어지는 물방울처럼 일순간에 증발한다. 없어지는 것들을 아쉬워하거나 그리워하는 사람이 많지 않다.

사람들은 걷고 싶은 거리를 말할 때 '가로수가 많은 거리', '상점들이 많은 거리', '골목이 많아 사람들의 시선을 덜 받은 거리'라고 말한다. 요즘 어느 관광지를 가더라도 '○○단길'이 유행하고 있다. 경주 황리단길, 해운대 갈매단 길, 감천문화마을, 영도 흰여울길 등이 있으며, 해외여행을 좋아하는 사람들은 유럽의 골목을 찾아 떠난다. 사람들이 모이는 길의 공통점은 좁은 골목길이다. 이런 길을 마주하면 마음속에 품고 있던 추억과 향수를 떠오르게 되는 건지도 모른다.

골목은 세대 간과 이웃 간의 자연스러운 교류와 소통의 장소였다. 어른들은 골목에 놓여 있는 동네 평상에 모여 세상살이를 안주 삼아 막걸리 잔을 기울이고, 아이들은 공 차고, 자치기하고, 말뚝박기 놀이를 했다. 놀이를 하면서 친구들과 우정을 쌓고, 선배가 후배를 배려하는 여유를 배웠으며, 서로 어울리면서 어른이 되어 가는 방법을 골목 놀이에서 배웠다.

골목길이 없어지면서 어른을 공경하는 마음이 덜해진 것 같다. 예전에는 어른들이 골목을 어슬렁어슬렁 걸어 나오면 아이들은 인사를 했다. 누구 집안의 자식인지가 중요하지 않다. 말도 필요 없다. 다소곳이 고개를 숙이면 된다. 그런 통과 의례를 거쳐 어른을 공경하는 마음이 자연스레 생겨났다. 요즘 길을 걷고 있는 사람에게 인사를 하면 “당신 나를 아시오? 이런 미친 사람을 봤나.” 하고 해를 당할지도 모른다. 골목에서 인사를 했다면 응당 인사를 받아 주었을 텐데 말이다.

골목에 있어야 할 것에 사람이나 놀이와 인사만 있는 것이 아니었다. 빨래는 사람이 사는 곳이면 응당 있어야 한다. 골목이나 마당에 널린 빨래에서 나오는 깨끗한 냄새에는 골목 사람들의 애환이 있다. 빨래가 사람 사는 냄새를 보여 주고, 골목 동네의 풍경을 살리고, 컬러를 입히고, 생동감 넘치게 했다. 그런 빨래가 자취를 감추었다.

산동네 골목길은 두 사람이 지나가면 한 사람이 서서 기다려야 할 만큼 좁다. 골목길은 집안 대문을 열고 나가면 이웃집 할머니들과 담소를 나누는 마을 공동 거실이다. 그 좁은 길에서 할머니들은 노란 목욕탕 앉은뱅이 의자에 앉아 밤새 술 먹고 온 남편이 쓸모없는 인간이라 흉을 본다. 며느리가 집안일하는 것이 성에 차지 않다고 흉보기도 한다. 그런데 실은 영감 욕이나 며느리를 흉보는 게 아니라 자기에게 영감이 있고 아들과 며느리가 있는 당당한 인생을 말하는 것인지도 모른다. 영감 없는 할머니는 처음부터 침묵이었다.

지난해 여름, 지리산 대원사를 가던 길에 남사예담촌에 잠시 들렀다. 돌담이 둘러쳐진 흙길을 걸었다. 마음이 편안해진다. 먼지가 띠고 있는 색은 햇빛을 받아 금빛처럼 반짝인다. 밝은 빛을 보니 너무 폭신해 보여 얼른 그 속에 뛰어들고 싶었다. 먼지에서 따뜻함을 느꼈다. 바람이 지나가며 만들어 낸 먼지의 일렁임으로 마음이 가볍게 설레기까지 했다. 나는 먼지 속에 가만히 서서 흙냄새를 즐겼다. 어쩌면 먼지 속 흙 알갱이를 일부러 들이켰는지도 모른다. 골목길에서나 맛볼 수 있는 냄새인데 어찌 그 기회를 놓치겠는가. 바람이 만들어 내는 흙먼지를 만날 수 있을까 하는 기대감으로 종종 찾는다.

골목은 사람들의 삶을 담아 낸다. 흙먼지 날리는 길, 사람 냄새가 가득한 길, 아이들의 웃음소리가 끊이지 않는 길, 어른들에게 고개 숙여 인사하는 길. 사람들은 어떤 길로 걷고 싶을까?

노(櫓)를 품다

배가 밀려난다. 썰물과 하늬바람이 배를 물목으로 몰아붙이면 뱃사람들은 '어기여차' 힘을 쓰느라 소리가 점점 높아진다. 증조할아버지, 할아버지, 아버지, 아들이 대를 물려 노를 젓는다. 목소리도 물려받는다.

섬에서 노 젓는 일은 일상이다. 섬 아이들은 뭍에서 노는 것보다 바다에서 작은 배를 타고 노는 것을 더 좋아한다. 도시 아이들이 자전거를 타고 노는 것처럼 그들은 덴마를 타고 논다. 덴마는 경상도, 전라도 방언으로 본래는 전마선(傳馬船)이라 부른다. 배의 크기는 6m 남짓, 육지로 이동하거나 해산물을 채취하기 위해 가까운 섬과 섬을 이동할 때 이용한다. 덴마를 움직이는 것은 서양식 주걱 노가 아니라 전통 노이다. 덴마는 무게가 꽤 나가는 편이라 보트에 사용하는 서양 노로는 배를 움직일 수 없다. 전통 노로 저어야 밀물이든 썰물이든 바람이든 무거운 배를 힘차게 저어 나아갈 수 있다. 전통 노는 5m 정도로 배 길이만큼이나 길다. 어른이든 아이든 같은 크기의 노를 사용한다.

서양 노는 조류가 약하고, 물이 깊지 않은 곳에서 사용한다. 조류가 수시로 변하고 하늬바람, 샛바람, 서마바람이 변덕스럽게 불어 대는 깊은 바다에서는 전통 노를 저어야 안심이 된다. '전통 노는 무겁고 진중하고 서양 노는 가볍고 경박하다.' 명량 해전에서 배 12척으로 왜선 133척을 섬멸한 것은 전통 노의 무겁고 단단한 힘이 바탕이 되었을 것이다. 아덴만의 영웅 석해균 선장이 배를 끝까지 포기하지 않고 선원들을 무사 귀환시킬 수 있었던 것도 전통 노가 가지는 과묵하고 인내할 줄 아는 뱃사람의 기질을 지녔기 때문이다.

전통 노를 만드는 사람은 조류와 물길을 잘 알고 거친 파도를 오랫동안 겪어 본 사람이어야 한다. 동네 사람들에게 인사깨나 받는 인품도 지녀야 한다. 어른의 성품이 쓸모 있는 노를 만들어 낸다. 노를 만드는 참나무도 단단하면서 결이 부드러운 어른의 성품을 닮았다.

노는 손잡이와 물살을 갈라 내는 날로 되어 있다. 노의 윗부분을 만들기 위해 껍질을 벗겨 내고 자귀로 먹줄을 퉁기고 먹줄을 먹인 데까지 손도끼로 파내고 다듬어 낸다. 노를 만드는 사람이 많은 시간과 노력을 쏟을 때는 노의 날을 대패질할 때이다. 노 젓는 사람이 힘을 덜 들이고 빠르게 노를 저을 수 있도록 이음새가 조금씩 굵어지면서 굴곡 없이 유선형이 되도록 해야 한다. 중심을 잡아 주는 놋좆의 구멍을 끌로 파내는 일 또한 정성을 요구한다. 그 구멍은 헐거워도 빡빡해도 안 된다. 헐거우면 노 잡는 팔에 힘이 들어가야 하고 빡빡하면 밀고 당기는 데 힘이 든다. 물살이 노를 젓는지 바람이 노를 젓는지 노가 노를 젓는지 시늉만으로 노를 저을 수 있어야 한다. 잘 만들어진 노는 온종일 저어도 지치지 않는다.

상대를 배려하는 마음으로 노를 저어야 한다. 얼핏 보면 오른쪽 노잡이와 왼쪽 노잡이가 서로 경쟁하는 듯 보이지만 서로 호흡을 맞춘다. 오른쪽 노잡이는 방향을 틀거나 속도를 조절하기 때문에 경험이 많아야 한다. 유속(流速)을 가늠해 물살이 거세면 노를 얕게 넣고 물살을 짧게 빨리 썰어야 한다. 물살이 약하면 노를 깊이 넣어 길고 묵직하게 썰어야 한다. 잡아당길 때는 들숨을, 밀 때는 날숨을 쉬어야 한다. 호흡과 일심이 되면 노의 날이 물을 갈라서 밀어 내는 것이 힘들지 않다. 어느 한쪽이 힘이 세다고 밀어붙이면 배는 순간 기우뚱하거나 한쪽으로 뱅뱅 돌면서 앞으로 나아가지 않는다. 노 젓기는 힘이 아니라 노련함이 있어야 한다.

노 젓는 것을 들여다보면 함께 살아가는 부부의 모습과 별반 다르지 않다. 멀쩡하게 근무하던 대학교를 그만두었다. 아내는 기가 막혔고 남편의 사직을 현실로 받아들이는 데 상당한 시간이 흘렀다. 아들은 일본으로 유학을 보내야 했고, 딸은 해 오던 판소리 공부를 포기할 수 없었다. 박봉이 문제였다. 늘어 가는 빚을 감당하기 위해 교수로 임용되기 전에 운영했던 어학원을 다시 시작했다. 무슨 일이든 다시 시작한다는 것은 때로는 비장한 각오가 필요한 법이다.

아내는 아들과 딸이 포기하지 않고 공부할 수 있도록 뒷바라지를 했다. 집안 사정을 누구보다 잘 아는 아들이 행여 학업을 중단할까 노심초사했다. 예술을 시켜 본 부모들은 자식을 어엿한 예술인으로 키워 내려면 재능만으로 안 된다는 사실을 안다. 아파트 두 채 정도는 팔아야 한다는 우스갯소리가 있는 게 현실이다. 아내는 불안한 상황을 극복할 수 있다는 믿음의 노를, 나는 늘어만 가는 부채를 줄이고 가정 경제를 일으키기 위한 재기의 노를 불끈 틀어쥐었다. 아내는 오른쪽 노를 잡은 남편의 노 젓기에 엇박자가 나지 않도록 물살을 썰었다. 인생의 배가 때로는 조금씩 밀려 날지언정 맞바람에도 유속이 빠른 물목에서도 뒤집히지 않도록 호흡을 맞추었다. 남편이 앞만 보고 묵묵히 노를 저어 갈 수 있도록 힘을 보탰다. 부부 일심동체!

사람은 누구나 인생의 노를 하나쯤 가슴에 품어야 한다. 인생이란 배는 큰일을 하든 작은 일을 하든 위험한 조류와 물목을 지나 앞으로 나아가야 하고 높은 파도를 넘기도 해야 한다. 노와 배가 일체가 되면 험한 바다에서 난파되지 않고 항해할 수 있는 것처럼 가슴에 품은 노와 몸이 하나가 되면 온갖 역경과 시련을 헤쳐 나아갈 수 있다. 오른손 노잡이는 가슴에 품은 노 한 자루로 세상의 높은 파도와 변화무쌍한 조류에 맞선다.

인생이라는 배를 세상의 바다에 띄운다. 그 배가 순항하도록 가슴에 품은 노의 끈을 조절하고 만사(萬事)의 물살을 썰어 나아간다.

- 2021년 해양문학상 우수상 수상 작품 -

다시 읽는 《월든》, 넷

속도

사람들은 왜 출세를 위해서 죽자 살자 일만 하는가? 그런 사람들은 성공한 사람들 옆에서 그들의 속도에 맞추려고 숨조차 돌리지 못한다. 그런 것이 잘 사는 미덕이라 한다. 계절이 바뀌는 속도에 맞추어 살아야 할 필요는 없다. 다른 사람들과 속도를 맞추기 위해 벚꽃이 피고 지는 속도에 내 삶의 속도를 맞출 필요는 없다.

요즘 사람들은 아침형 인간이 되는 것이 마치 성공의 비결처럼 생각한다. 성공하려면 누구보다 빨리 일어나고 늦게까지 일을 해야 한다. 성공하기 위해서는 누구보다 빠른 속도로 일해야 한다. 자신을 쉬지 못하게 하고 일하는 아침형 기계로 만들려는 이유일지 모른다. 사람은 자신의 삶의 스타일이 있다. 아무리 좋은 습관이라도 내 생활에 맞지 않으면 하루가 행복하지 않을 뿐더러 생명을 단축하는 일이다.

성공은 어쩌면 목숨을 담보하는 속도와의 전쟁이다. 출세는 숨을 단축시키는 경쟁에서 승리를 하는 사람의 몫이다. 쉬는 시간 없이 몸을 움직이다 보면 브레이크 고장 난 자동차에 몸을 싣고 질주하는 것처럼 위태로워진다. 속도가 몸과 마음을 지배하면 내려야 할 플랫폼을 지나쳐 버린다. 소중하고 가치 있는 것들이 속도에 무시당하지 않아야 한다. 살아가면서 '속도'를 경계하고 예찬하지 않는 사람은 인생의 좋은 운전사가 될 수 있다.

옷

사람은 옷을 입고 난 후에야 생각을 할 수 있고, 일을 할 수 있고, 행복을 느낄 수 있고 일상의 문제를 해결해 나갈 수 있다.

옷감 한 올 한 올에 입는 사람의 본성이 스며들어 몸과 천이 하나가 된다. 요즘 사람들과 달리 옛날 사람들은 옷 벗기를 극히 싫어했다. 병원에서 진료를 받거나, 종교적인 의식을 치르기 위하는 일이 아니라면 옷 벗기를 주저했다. 그들이 옷 벗는 행위를 주저하는 것은 옷과 자신이 한 몸이라 생각해서 그럴 것이다. 단벌의 옷을 입는 사람을 보면 그 사람의 인격이나 성품이 옷에 묻어나기 마련이다.

소로우는 비싸고 좋은 옷을 입는 사람을 칭찬하지 않았다. "누군가 기운 옷을 입었다고 해서 그가 가난하고 얕잡아 봐서는 안 된다."라고 했다. 사람들은 검소한 삶의 방식을 찾는 것보다 유행에 어울리는 옷을 찾는 데 시간과 에너지를 낭비한다.

자연주의자 다윈이 티에라델푸에고섬을 방문했을 때 그의 일행은 옷을 두툼하게 챙겨 입고 불가에 앉아 있어도 별로 따뜻한 줄 몰랐다. 하지만 그들은 그곳에 벌거벗은 원주민이 불가에서 멀리 떨어져 있어도 '더워 어쩔 줄 모르며 땀을 비 오듯이 흘리는 모습'을 보고는 놀라움을 금할 수 없었다. 소로우는 "추위에 강한 야만인의 특징과 문명인의 지적 능력을 겸비하는 일은 불가능할까?"라는 질문을 던진다.

소로우는 "무엇이 진실로 존중할 만한가를 따지기보다는 무엇이 세상 사람들의 눈에 존중할 만한 것으로 보일까?"에 더 신경을 썼다. 사람들은 그 사람의 됨됨이보다 입고 있는 옷에 대해 더 많이 알고 싶어 한다.

피부를 보호하고 체온을 유지시켜 주는 것이 옷의 쓰임이다. 옷이 갖는 근본적인 역할보다 색이나 모양이나 옷감에 대해 사람들의 시선이 쏠려 있다. 이런 사실을 기억하고 있다면 옷을 구입하지 않고 가진 옷만으로도 충분하지 않을까? 집 안 옷장을 열어 보면 시선 한번 주지 않은 옷들이 얼마나 많은가. 관심을 받지 못한 옷에게 관심을 가져 볼 일이다.

5부

조수, 삶을 읽다

조수, 삶을 읽다

밀물과 썰물은 리듬을 가진다. 파도가 바닷물을 들이켜 몸집을 키우려는 장면은 명창이 상청을 내려고 온몸의 에너지를 단전에 모으는 것과 같다. 상청을 낼 때는 명창의 목울대에 힘이 들어가면 안 된다. 명창이 상청을 내려는 힘을 끌어 올려 주도록 고수(鼓手)가 추임새를 걸지게 내지르듯 해풍은 숨을 멈춘다. 밀물과 썰물은 이런 인생 놀이에 판을 벌인다.

조수처럼 인생도 게으름과 부지런함, 상실과 풍요가 있다. 조수가 가장 적게 들고 나는 조금(潮금)이 되면 왠지 게을러지고 싶다. 조수 간만의 차가 커지기 시작하면 먹이를 찾아 갯벌을 부지런히 갈아엎는 칠게처럼 부지런해진다. 썰물로 바닷물이 밀려 나가면 무언가 잃어버린 듯한 상실감에 빠지지만, 밀물이 들어와 포구가 꽉 차고 넘치면 사람들의 삶이 넉넉해지는 듯 풍요로움이 느껴진다.

살다 보면 받기도 하고, 거부당하기도 하고, 얻는 것이 있으면, 잃는 것도 있다. 이런 과정이 반복되지만 사람은 늘 거부당하고, 잃는 것만 생각한다. 삶이란 안정보다 불안정하고, 행복보다 역경의 연속이다. 물러나고 밀려오는 조수와 같이 풍요와 상실의 시간을 미리 안다면 고통을 덜 받을 거라 생각하지만, 정말 그럴까?

삶은 때로는 풍요롭기도 하고 궁핍할 때도 있다. 이런 삶을 수용하려면 조수처럼 물러나고 밀려오는 것을 개의치 않아야 한다. 산다는 건 있는 그대로 받아들이는 것이다. 조수처럼 살기를 갈망한다면, 밀물인지 썰물인지 의식할 필요 없다. 흐르는 물처럼 그대로 받아들이면 된다.

갯벌은 조수가 들어오고 나가는 데 억지를 부리지 않는다. 바꿀 수 없는 것을 바꾸려 하지 않는다. 다가오는 대로 받아들인다. 바다의 주인이 아니면 어떤가. 조수를 지배하지 않아도 인생의 배를 바닷물에 띄울 수 있다.

밀물과 썰물이 있듯 인생도 올라갈 때가 있고 내려갈 때가 있다. 우주의 힘과 바다의 힘을 거스르기보다는 노련한 노수부가 파도를 정면으로 맞서지 않고 파도에 순응하는 것처럼 말이다.

조수는 바닷물의 흐름에 자신을 맞추는 일을 잠시 멈추고 자신의 숨소리를 들어 본다. 조류의 숨소리가 마치 인생의 시곗바늘처럼 째깍거리는 소리로 들린다. 의미 없이 흘러가는 것이 아니라 순간순간 의미를 부여하는 생의 시계 말이다. 그 시계는 고난과 역경이 닥쳐도 생의 물결에 몸을 맡기라 한다. 영원한 삶의 리듬을 느낄 수 있는 것처럼.

읽고 해석하는 즐거움

이십 년 동안 신문을 구독했다. 아침에 일어나면 조간을 훑고, 잠자리에 들기 전 석간을 꼼꼼히 읽었다. 내 글솜씨가 서툰 것은 정치와 경제면만 열심히 읽어 온 탓도 있겠다. 샘물의 물줄기가 말라가듯 내 감성이 천천히 말라 간다.

요즘은 신문을 읽는 데 시간을 낭비하지 않는다. 신문 기사는 단순 정보나 사건 사고를 얻는 데 도움이 된다. 신문에는 상상력이 필요 없고, 마음이 울컥하는 감동을 주지도 않는다. 하루도 빠짐없이 읽어 보지만 지혜가 생기거나 평범한 내 인격이 나아지는 것 같지도 않다.

글을 읽는 방법을 두고도 스스로 갑을 박론 한다. 글을 쓰기 위해 카잔차키스의 《그리스인 조르바》, 목성균의 《누비처네》와 소로우의 《월든》 등을 읽는다. 어떤 사람들은 정독이 좋다고, 어떤 사람들은 다독이 좋다고 한다. 사람들이 하는 말에 귀가 얇다 보니 이런 게 옳은지 저런 게 옳은지 오락가락하여 읽어도 머릿속에 남는 게 없다. 페이지를 넘기는 손가락에 침을 묻히는 수고만 한다. 나만의 방법을 찾지 못하다 보니 한 페이지 읽는 것조차 막노동이나 다름없다.

독서를 의무로 여긴 것은 시대와 나라를 불문하고 예전부터 계속 있어 왔다. 옛 중국에서 유명한 학자가 밤에 독서를 하다가 졸리면 송곳으로 정강이를 찔렀다고 한다. 조선 시대 때는 밤중에 책을 읽을 때 하녀를 옆에 세워 두고 졸면 깨우도록 했다고 한다. 나 역시 의무감으로 읽다 보니 이들과 다를 바 없다.

요즘 젊은 사람들은 밤새 독서를 위해 커피를 마시

거나 카페인이 다량으로 들어 있는 음료를 마신다고 한다. 하지만 대부분의 젊은이들은 맑지 않은 정신으로 독서를 한다. 맑은 정신으로 읽어도 작가가 말하는 바를 찾아내고 해석해 내기 어려운데, 몽롱한 정신으로 읽는다니 대단한 사람들이다.

몇 주 전 학생들의 질문을 받았다. 어떤 종류의 책을 읽어야 하는지, 특별히 독서하는 방법이 있는지 등 말이다. 무심결에 작가로서 생각하고 실천하고 있는 것들을 몇 마디 거들었다. 시를 읽으면 의미를 부여하는데 도움이 되고, 소설을 읽으면 구성이 탄탄해지고, 희극이나 비극을 읽으면 사람의 심리를 표현해 내는 데 도움이 된다고 했다. 책을 열심히 읽다 보면 사유는 물론이고 인문·철학적 내용까지 담아낼 수 있을 것이라 넌지시 말해 본다. 평소 내가 읽고 생각하고 글을 쓰는 방법이다.

읽어야 하는 책의 종류나 독서하는 방법도 개인의 성격이나 취향에 따라 달라진다. 소화가 잘되고 거부감이 없는 음식을 선호하는 것처럼 독서도 마찬가지가 아닐까. 나만의 독서 취향이 모든 사람에게 해당되는 것은 아닐 것이다.

나는 많이 읽어야 할 나이에 읽지 못해 읽고 해석하는 능력이 서툴다. 읽는 속도가 느려 한 번 읽어서 내용을 쉬 이해하지 못한다. 항상 두 번 이상 읽고 다시 밑줄을 그어 읽고 마지막으로 타이핑을 치면서 읽는다. 이틀 정도 지나면 무엇을 읽었는지 기억이 가물가물해진다. 그럴 때쯤 몇 번 더 읽는 수고를 마다하지 않는다. 가스통 바슐라르가 "진정한 독서는 텍스트를 충실하게 읽고, 두 번째 읽는 데 있다."라고 말한 것에 위안을 삼는다.

세상에 반드시 읽어야 하는 책은 없다. 나이에 적합한 시기에 읽어야 할 책이 있을 뿐이다. 나이에 따라 감동이 다르고 해석이 달라질 수 있기 때문일지도 모른다. 나는 40대 후반에 《월든》을 처음 읽은 후 도전정신이 생겼고 자연의 소중함을 알게 되었다. 검소하게 살라는 소로우의 일침에 '사람이면 그 정도의 욕심도 없이 어떻게 살지'라는 자기 합리화를 하곤 했다. 읽고 실천하고 체화시키는 것이 독서의 핵심이라지만 나에게는 쉬운 일이 아니다.

독서를 많이 하면 글을 쓰는 데 도움이 되는 것은

기정사실이다. 많이 읽어도 제대로 쓸 수 없다면 낭패가 아닐 수 없다. 나같이 글쓰기 기본 이론이 갖추어져 있지 않는 사람은 글 내용이 두문불출한다. 요즘은 오합지졸인 문장들을 조금씩 잡아 가고 있다. 요즘 수필 쓰기 이론에 빠져 있는 이유이다.

사람들은 책을 읽지 않을 이유를 다양하게 만들어 낸다. 밖이나 집 안에서 들려오는 소음 때문에 집중을 할 수 없고, 해야 하는 일 때문에 시간을 낼 수 없고, 독서할 장소가 마땅치 않다는 등의 핑계 탓으로 돌린다. 사실 읽어 내는 능력이 부족한 것인지도 모르겠다. 독서하는 공간이 정해져 있다면 더할 나위 없이 좋겠지만 그렇지 못하다면 어느 곳에서든 읽으면 되는데 말이다. 읽는 즐거움을 알았다면 지하철이든 버스든 카페든 화장실이든 장소가 대수였겠는가. 게으른 목수가 연장 탓하는 셈이다.

읽고 재해석이 서툰 나는 딱딱한 인문·철학 서적을 읽고 또 읽는다. 수필도 읽고, 소설도 읽고, 시도 읽고, 희곡이나 문제극을 읽는 수고로움도 마다하지 않는다. 무엇이든 읽고 나만의 해석을 해 보려고 애를 쓴다.

사라진 흔적들, 호두나무 잎 자라는 소리, 물속을 헤엄치는 숭어의 지느러미 움직이는 소리. 또각거리는 구두 소리를 듣고 얼굴 생김새를 상상해 보려 한다. 보는 즐거움도 좋지만 읽고 해석하는 즐거움에 밤이 짧다. 늦게 배운 도둑질이 밤새는 줄 모른다 하던가.

백수

지리산에 먹고사는 것에 초월한 사람이 산다. 고사리 잎처럼 떡이 진 머리를 오색실로 단정하게 묶었다. 몇 가닥 되지 않는 흰 수염은 겨울 가뭄이 든 폭포수에 흐르는 물줄기처럼 옹졸함이 있어 보이고, 눈동자는 보통 사람의 두 배나 되어 겁이 많은 인상을 준다. 그는 눈앞에 펼쳐진 천왕봉과 마치 대화를 하는 듯 늘상 고개를 주억거린다.

지리산 중기마을에 살고 있는 특별한 사람을 만나러

가는 길이다. 산길이 얼마나 가파른지 자동차 손잡이를 꼭 붙드느라 온몸에 힘이 다 빠졌다. 자동차를 산비탈에 주차해 두고 본채까지 한참을 걸어 들어갔다.

"안녕하세요, 선생님. 처음 뵙겠습니다." 그분은 고른 치아를 드러내며 인사를 받아 주셨다. "안녕하십니까? 백수입니다." 백 선생님은 나에게 악수를 청했다. "선생님, 지리산 호랑이처럼 존함에서 뭔가 위엄이 느껴집니다." 나는 이름의 의미를 곱씹으면서 "성은 '백'이요, 이름은 '수'라는 외자를 쓰시는군요." 한마디 건넸다. 백 선생님이 환하게 한번 웃어 주시면서 "그냥 백수입니다. 어떤 책임도 지지 않아도 되는 백수 말입니다."라고 풀어 주는 듯 했다.

치열하게 세상을 살아온 나는 선생님의 삶이 궁금해졌다. 잠자는 곳도, 먹는 것도, 아프면 병원 가는 것도 모두 돈인데……. "이 선생님 나는 70 평생을 돈을 위해 살아 본 적이 없어요. 평생을 하고 싶은 것 못 해 보고, 가 보고 싶은 데 못 가 보고, 재산을 모아 놓고 그거 지킨다고 죽을 때까지 용심을 쓰고 싶지는 않았답니다. 짧디짧은 세상을 살아가는 인간으로서 동의할 수 없는 부분입니다. 60까지 집을 가져야 할 이유도, 돈을 벌어야 할 이유도 찾지 못했습니다. 우리나라는 어디를 가든 빈집이 많습니다. 빈집에 들어가 살면 내 집이 되지요. 내가 방랑벽이 있는 것은 아니지만, 돈을 주고 집을 구하려고 하지 않으니 자연히 시골이나 산간벽지를 돌게 되었습니다. 서울에서 경기도로, 강원에서 충청도로, 빈집을 찾아서 5년쯤 살다 보니 아내하고 아들하고 세 식구가 해남 땅끝마을까지 와 있더군요. '집 찾아 삼만 리', 전국 투어를 한 셈이죠. 어떤 곳을 가도 빈집이 있으면 그냥 들어가서 주섬주섬 치우고 수리해서 살다가 주인이나 자식들이 와서 집을 비우라 하면 바로 그날로 집을 비워 주고 다른 지역으로 옮겨 갔답니다. '빈집을 수리해서 그럴듯하게 해 놓았으니 떼라도 한번 써 보면 될 텐데' 하고 아내가 늘 불만이었지요. 내가 빠른 결단을 내리는 이유는 가족의 자유를 저당 잡히는 모험을 하고 싶지 않았기 때문입니다." 인생은 분주하게 쓸데없는 걱정으로 자신을 가두지 않는 것이란다. 백수의 자존감을 높이기 위해서 자기애(自己愛)를 가져야 한다고 말한다. 놀고먹는 자신과 마주하는 것이 불안하지 않도록 말이다.

백수 선생님의 아내는 음식을 해 본 경험이 그렇게 많지 않단다. 남편이 결혼해서 처음으로 아내에게 먹고 싶은 음식으로 찌개를 부탁했단다. 그는 고향 목포에서 어머니가 해 주시던 짭짤하고 비린내가 살금 풍기는 짜박한 생선찌개를 생각만 해도 입안에 침이 고였단다. 그런데 그녀가 끓여 온 찌개는 그냥 물고기가 헤엄쳐 다닐 만큼 넉넉한 물에 생선만 넣어 간이 전혀 되어 있지 않아 도저히 먹을 수가 없었다. 백 선생님은 아내에게 도저히 한마디 하지 않을 수 없어 같은 나라에서 어떻게 음식 문화가 이렇게 다를 수 있느냐고 말했더니, "전라도식 찌개와 서울식 찌개의 차이와 찌개의 본래의 맛이 짠맛인지, 싱거운 맛인지, 매운맛인지 왜 설명을 해 주지 않았느냐."라고 그녀는 항변했단다. 맞는 말이다. 사람은 입맛이 각양각색인데, 찌개 요리법이 같겠는가.

선생님은 백수가 된 사연을 아내의 눈치를 살피면서 이어 갔다. 아들을 낳으러 병원으로 갔는데 병원비가 필요하다고 돈을 준비하라는 어머니의 말씀이 있었다. 백 선생님은 그 말을 듣는 순간 무슨 말인가 이해가 되지 않았다고 한다. 자신이 알기로는 엄마는 밭에서 일하다 집에 들어와서 아이를 낳고 다시 나가서 일을 한 것으로 알고 있는데 병원에서 아이를 낳아야 한다니. 아이를 낳는 데 돈이 필요하다니!

빈집을 비워 주는 신속함, 음식 문화의 충격, 아이의 병원비를 해결하지 못한 일로 아내와 날이 선 말이 오갔다고 한다. "이 선생, 백수가 된 것은 아내 덕분입니다. 집안 대장을 해 보니 사사건건 부딪히게 되더군요. 그래서 내가 그랬죠, 그럼 당신이 대장 해라. 나는 ROTC 출신이라 조직에서 대장이라는 역할이 얼마나 막중한지 잘 알지요. 아내는 80년대 음악계에서 몇 손가락에 꼽을 정도로 건반을 잘 쳤거든요. 이런 똑똑한 사람이 집안 대장을 하겠다니 얼마나 고마워요. 두말하지 않고 중요한 자리를 양보했지요. 대장 자리에서 물러나니 그렇게 마음이 가벼울 수가 없었어요."

선생님은 교리를 믿고 따르는 종교인처럼 백수의 정체성에 대해 몇 가지 신조를 가지고 있었다. 궁핍해도 돈을 탐해서는 안 되고, 갚을 수 없으니 빌리려 해서도 안 되고, 돈을 지키기 위해 돈을 벌어서도 안 된단다. 돈을 탐하면 물심(物心)에서 욕심이 생기고, 돈을 빌리면 타인에게 의지하는 마음이 생기고, 모아 놓은 재산을 지키기 위해 일을 하면 돈의 노예가 된단다. 그는 음악을 돈과 명예로 연결시키고 싶지 않았단다. 아내에게 결혼 승낙을 받은 것도 이런 조건이라 했다.

백수는 혼자 있는 것을 즐긴다. 인간은 태어날 때나 죽을 때 누군가와 함께하지 못하는 독존(獨存)이다. 그는 혼자인 것을 외롭다거나, 고독하다 말하지 않는다. 사람과 어울린다고 외롭지 않던가. 앞마당에 터를 잡고 있는 장독과 밀담을 나누고, 무더운 여름 지리산 계곡에서 불어오는 시원한 바람을 격의 없이 맞이하고, 노루와 멧돼지와 먹을 것을 나눈다. 욕심 없는 백수임에 분명하다.

백수는 무일푼이라는 사실을 괴로워하지 않는다. 세상에는 빈집도 많고 먹을 것도 지천에 널려 있다. 사람들의 눈을 의식하면 백수로서의 자격이 없다고 한다. "그러려니, 그럴 수도 있지, 부족하면 부족한 대로 상황에 맞게 살면 되지."라는 노자의 무욕(無慾)의 태도라면 백수 될 자격이 있지 않을까.

먹고사는 일에 지쳐 있는 사람은 백수가 되는 일을 삶의 목표로 삼는다. 놀고먹는 일이 어디 쉬운 일인가? 백수 선생님은 말한다. "진정한 백수는 일을 하지 않고 놀고먹는 사람이 아니라 놀고먹는 일조차 초월하는 것"이라고.

항해, 두려움을 읽다

소리도의 크고 작은 섬 중에서 유난히 특별한 섬 하나가 있다. 까치섬이다. 보기에는 표주박을 절반으로 잘라 놓은 것처럼 생겼다. 멀리서 보기에는 정감이 가지만 실상 이 섬은 무시무시하다. 사람이 접근하길 꺼리는 악조건을 모두 갖추고 있다. 사약의 원료로 쓰이며 절벽바위틈에서 자생하는 부자(附子)라는 약초가 서식하고, 개울조차 없는 데다 맹독을 가진 까치독사가 바글거리는 섬이다. 이뿐만 아니라 강한 조류를 더

무섭게 만드는 숨겨진 암초는 사람의 접근을 쉽게 허락하지 않는다.

인근 섬사람들 역시 하나같이 까치섬을 두려워한다. 무더운 여름 날씨에 해가 뜰 무렵 꽃상여를 메고 가는 신기루를 목격한 사람들은 혹시나 나쁜 일을 당할까 봐 하루 종일 집 밖을 나오지 않는다. 그런데 그곳에 멸치 떼, 삼치 떼, 날치 떼, 부시리 떼 등 많은 종류의 물고기들이 허니문을 보내기 위해 수백 km를 건너 이 섬으로 온다. 까치섬이 이들의 신혼집인 셈이다. 남해안의 온갖 종류의 물고기들이 허니문을 보내려고 오는 이곳은 먹고 먹히는 살육의 현장이 된다.

인간도 포식자들로 가득한 까치섬 같은 세상에 살아야 하는 두려움으로 앞으로 나아가지 못할 때가 있다. 두려움에 사로잡히는 순간, 머리는 복잡해지고 행동은 느려진다. 나아가지도, 물러서지도 못한다. 두려움을 극복하지 못하면 지나간 행동과 놓쳐 버린 기회에 대한 미련만 느낄 뿐, 현실 속에서는 꼼짝도 하지 못한다. 앞으로 나아가지 못하고 제자리걸음만 하다가 끝내는 상실감을 곱씹다 일생이 끝날 수도 있다.

두려움에서 벗어나는 방법이 있을까? 암초가 없는 삶의 바다를 항해할 수 있는 길을 찾을 수 있을까? 두려움의 늪 속으로 빠지지 않으려면 어떻게 해야 할까? 앞으로 나아갈 수밖에 없다. 다른 방법은 없다.

세이렌이 유혹하는 바다를 건너려면 돛에 몸을 묶고 눈과 귀를 가리고 건너는 수밖에 없다. 항해를 한다는 것은 길을 정해 따라가는 것이니 확신이 들지 않아도 묵묵히 따라가 보는 것이다.

인생 항해에서 두렵지 않은 것은 없다. 두려움은 많은 삶의 항로 중 하나다.

마음을 쓸다

깨끗한 산길이다. 가을인데 흙길 위에 붉게 익은 소나무 솔가리 하나조차 없다. 시원한 소나기가 여름 무더위를 담아 내는 것처럼 도토리나무는 열매 하나하나에 가을을 담아 낸다.

가을 산길은 낙엽이 풍성해야 가을 멋이 난다. 사람들이 낙엽을 밟을 때 나뭇잎은 즐거워한다. 낙엽이 일년 중 유일하게 사람을 만나는 계절이다. 정갈하게 비질해 놓은 절 마당에 발을 디디면 안 될 것 같은 조심

스러운 마음으로 동네 산길을 걷는다. 발뒤꿈치를 들고 들숨으로 조금이라도 몸을 가볍게 해 본다.

늦은 오후 '쓱쓱' 대 빗자루 쓰는 소리가 난다. 낮은 계곡과 나무들은 소리가 끊길 새라 릴레이 바통 터치하듯 산길을 걷고 있는 나에게 조심조심 전달해 준다. 소리 나는 쪽으로 길을 잡았다. 일흔쯤 되어 보이는 노인이 맨발로 대 빗자루로 산길을 쓸고 있다. 그의 학춤을 추듯 나아가고 물러나고 멈추는 발동작에 주저함이 없다. 짧고 굵은 다리로 가볍고 경쾌하게 스텝을 밟듯 움직인다. 노인이 연신 비질을 해 대지만 쓸려 나가는 낙엽이 없다. 속살을 드러낸 흙이 부끄럽다는 듯 얼굴을 붉힌다.

산길을 쓸어 가는 노인의 이마에서 흘러내린 땀방울이 수염에 구슬을 꿰어 놓은 듯 송골송골 맺혀 있다. 마치 벼의 싹에 맺힌 이슬 같다. 나뭇잎 하나 없는 맨땅을 비질하고 있지만 수북이 쌓여 있는 낙엽을 쓸 때만큼이나 몸놀림이 진중하다. 열흘째 하루도 빠짐없이 힘차게 비질하는 몸새를 보아 평소 부지런한 사람임에 틀림없다. 집안에서는 든든한 가장이고, 인심이 후

한 이웃 아저씨이고, 사회에서는 자신의 역할을 묵묵히 해 나가는 샐러리맨이었을 것이다. 노인은 이런 사실을 증명이라도 하려는 듯 대 빗자루를 불끈 쥔 팔뚝에 힘줄이 당당하다. 거침없이 비질하는 노인의 모습을 나를 포함한 네 사람이 숨을 죽이며 지켜본다. 모두 생각에 빠져 있다.

두 팔로 보행기를 잡고 벤치 끄트머리에 엉덩이를 걸치고 앉아 있는 할머니는 일면식도 없는 할아버지가 비질하는 모습에 흡족한 듯 입꼬리를 올리고 연신 고개를 주억거린다. '암~ 비질하려면 그 정도는 해야지.' 하는 생각을 하는 것 같다. 그녀의 지긋한 눈길은 할아버지에게 뭔가를 말하고 싶어 하는 표정이다.

'저는 한때 산길을 뛰어다닐 만큼 건강한 다리를 가졌답니다. 불편 없이 걷는 것이 얼마나 행복한지 젊었을 때는 몰랐지요. 건강할 때 건강을 챙기라는 자식들의 말이 그때는 잔소리 같았습니다. 그때는 건강이 중요하지 않았지요. 아이들 돌보는 것이 우선이고 남편 건강이 우선이었습니다. 내 몸은 안중에도 없었답니다. 저와 연배가 비슷한 영감님이 건강한 몸으로 비질을 할 때마다 내가 비질하는 마음입니다. 빗자루를 세워서, 눕혀서, 왼쪽에서 오른쪽으로 쓸면 좋겠다는 생각을 하면 영감님은 어김없이 그렇게 비질을 해 주셨습니다. 누군가의 마음을 알아주는 일이 쉽지는 않지요. 내 배 속으로 난 자식도 평생을 함께 산 남편도 그 마음을 알아주지 못하니까요. 깨끗이 비질을 하고 난 길을 보면 자질구레한 걱정거리들이 마음 구석구석 없어지는 것 같아 기분이 청명하답니다. 시원한 비질을 보려고 힘든 산길을 아기 걸음마 걷듯 한 발 한 발 보행기에 의지해서 여기까지 온 거랍니다.' 할머니는 잔잔한 웃음으로 고맙다는 듯 말없이 고개를 끄덕인다. 할머니 맞은편 의자에 앉아 있는 남자아이가 엄마의 손을 꼭 쥐고 해맑게 웃는다.

중학생 정도로 보이는 남자아이는 또래 아이들과는 약간 다른 표정을 짓고, 말로 표현하는 것이 서툴다. 아이는 할아버지에게 식구들과 친구들과 사람들에게는 들려주지 못한 이야기를 하는 듯 웅얼거린다. '할아버지, 엄마는 내 동생이고, 누나이고, 친구이고, 선생님이에요. 내가 바라는 것은 무엇이든 해 주시거든요.

엄마는 세상에서 가장 안전한 울타리예요. 내가 마음대로 놀 수 있는 놀이터랍니다. 내가 하는 말을 사람들이 알아듣지 못해도 엄마는 알아듣거든요.'

엄마는 웃어 본 적이 없는 듯 눈가에 웃음 주름살이 없다. 할아버지는 비질을 하면서 아이와 엄마에게 눈길을 주었다. 어른의 넉넉한 웃음은 '괜찮다, 괜찮아'라고 하는 듯 움츠려 있는 엄마의 좁은 등을 쓸어 주는 손길 같았다. 노인은 보행기에 의지하고 있는 할머니, 아이의 손을 놓칠세라 꼭 잡고 있는 엄마의 얼굴, 수심이 가득한 내 얼굴을 번갈아 본다.

얼마 전 아들의 건강이 좋지 않아 아들을 데리고 아내와 함께 수술 날짜를 잡으러 서울로 올라가는 중이었다. 라디오에서는 아이유의 〈아이야 나랑 걷자〉라는 노래가 나왔다. 아내는 좁은 차 안에서 리듬에 맞춰 둠짓둠짓 몸을 움직이기 시작했다. 음악의 리듬으로 봐서는 춤출 곡이 아니었다. 춤출 분위기도 아니었다. 금방이라도 터져 버릴 것 같은 눈물을 다독이려고 몸을 흔드는 것 같았다. 아내는 몸으로 울고 있었다.

사람이 감정을 몰래 표현하고 싶을 때 춤을 출 때가

있다. 흥이 나고 기뻐야만 춤을 추는 것이 아니다. 눈물을 흘려야 슬픔을 토해 내는 것도 아니다. 아내는 슬픔을 몰래 토해 내기 위해 좌석에 앉은 채로 춤을 추었다. 아내의 어색한 춤 동작을 감추어 주려고 운전대를 잡고 있는 나는 몸을 좌우로 흔들기 시작했다. 이 모습을 물끄러미 보고 있는 아들 역시 함께 몸을 흔든다. 우리 세 사람은 한마음이 되어 차 안에서 춤을 추었다.

노인은 비질을 한다. 마음고생하는 아들의 마음을, 아픔을 대신해 줄 수 없는 엄마의 마음을, 든든한 버팀목이 되어야 하는 가장의 마음을 서로 달래듯 춤을 추었다. 이런 내 마음을 알기라도 한 듯 그는 아버지 같은 넉넉한 웃음으로 '자네 아들은 괜찮을 걸세.' 하고 위안의 비질을 하는 듯했다. 오랜만에 느껴 보는 아버지 같은 따뜻한 웃음이다.

누구에게도 말할 수 없는 아픔과 고통을 겪을 때 조용히 지켜봐 주는 것만으로 위로가 된다. 노인의 힘찬 비질에 사람들 마음속에 낙엽처럼 쌓여 있던 불행과 걱정거리가 남김없이 싹싹 쓸려 나갔으면 한다.

다시 읽는 《월든》, 다섯

집

인간이 사는 최초의 집은 동굴이었다. 맹수로부터 몸을 보호할 무기와 힘이 생기면서 들판으로 생활 장소를 옮겼다. 비와 바람만 피할 수 있도록 몸체가 없고 얼기설기 지붕만 있는 집이었다. 처음에는 종려나무 잎사귀로 지붕을 만들었고, 나무껍질과 작은 나뭇가지를 엮은 지붕을 만들었고, 풀과 짚으로 지붕을 엮

었고, 판자를 댄 지붕으로, 그리고 돌과 타일을 붙인 지붕인 현대식 건물로 발전했다.

소로우는 집에 대한 다양한 이야기를 들려준다. 소유의 개념이 없는 미개한 부족이라 할지라도 그들은 최고의 주택 못지않은 집을 하나씩 가졌다. 비록 얼기설기한 집일지라도 가족의 소박하고 단순한 욕구를 채워 주기에 모자람이 없었다.

하늘을 나는 새에게 둥지가 있고, 여우에게도 굴이 있듯 원주민에겐 오두막이 있었다. 그런데 문명사회를 살아가는 현대인은 겨우 인구의 절반 정도가 집을 가지고 있다. 내가 말하는 집은 호화스러운 집이 아니다. 가족들이 기본적인 생활을 할 수 있는 집을 말하는 것이다. 집은 몸에 걸치는 겉옷이나 다름없을 정도로 필수 불가결하다. 그렇기 때문에 집이 없는 사람은 죽는 날까지 집에 목숨줄을 잡혀 사는 수밖에 없다.

빚 없이 '자기' 집 한 채를 가지려면 사람들은 인생의 절반을 바쳐야 한다. 집을 마련하고 나면 사람들은 그 집 때문에 더 부자가 되는 것이 아니라 오히려 더 가난해질지도 모른다. 실제로 집이 사람을 소유하는 상황이 되어 사람이 집에서 산다기보다 감금되어 살아간다는 표현이 맞을 것이다.

다수의 사람이 아파트를 소유하거나 세를 살 능력이 있다고 가정해 보자. 시대가 변하고 주택 건축이 발달하면서 집의 구조와 편의성이 개선되었지만, 그곳에 거주하는 인간의 수준까지 향상되지 않았다. 문명은 궁전과도 같은 집을 만들어 냈으나, 그 안에서 살아갈 고귀하고 고결한 인품의 인간을 탄생시키기란 그리 쉬운 일이 아니다. "만약 문명인이 단지 하찮은 생필품과 육체적 안락을 얻는 데 생의 대부분을 바친다면, 그가 굳이 야만인보다 더 좋은 집에서 살아야 할 이유가 있을까?" 하며 소로우는 집에 대한 자신의 철학을 밝힌다.

대리석이 아닌 짚으로, 흙으로, 나무껍질로 지어진 집

은 초라한 것이 아니라 인간에게 따뜻하고 건강한 집이다.

사람이 자신의 몸과 천체(天體) 사이에 아무런 장애물 없이 낮과 밤을 하루쯤 보내는 기회가 있다면 집에 대한 생각이 달라질 수 있을까?

6부

윤림산방(雲林山房)

어화

불이 몰려든다. 기름이 심지를 타고 올라가 불꽃을 만들어 내듯 바닷속에서 물 위로 하나둘 모여 이글거리는 횃불로 피어오른다. 파도 따라 일렁이는 바닷바람에 쓸려 요동친다.

도시 어부들 중에서 엄지손가락만 한 전구를 그물에 달아 물고기를 유혹하는 경우가 있지만 물고기로 생계를 이어 가는 섬 어부들은 그물에 불빛을 달아 물고기의 씨를 말리는 파렴치한 짓은 하지 않는다. 어화

(漁火)는 물고기들에게 저승사자와 같다. 그물에 달린 불빛은 살기가 느껴진다. 그 불빛은 살아 있는 바다 생물을 죽음으로 유혹하는 사악한 불빛이다. 전구에 불이 켜지면 플랑크톤, 작은 물고기, 큰 물고기가 떼를 지어 차례로 몰려든다. 불빛이 있는 곳에 먹이가 있고, 칠흑 같은 밤바다는 죽음의 축제가 열린다. 그물코를 빠져나가려고 몸부림친 주검들은 혼불이 된다.

다른 기운이 느껴지는 불도 있다. 기름을 채워 주지 않아도 강풍이 불어도 꺼지지 않는 전깃불은 따뜻한 정이라곤 찾아 볼 수 없다. 호롱불은 어머니가 고된 시집살이로 인해 어둑새벽에 몰래 눈물을 훔칠 때 콧김만으로도 꺼져 주는 인정머리가 있다. 아기가 말아 쥔 주먹만 한 등잔에서 나오는 쌀 한 톨만큼 작은 등잔불은 손주의 등을 쓸어 주는 할머니의 정이 있어 마음이 따뜻하다.

어화는 물고기 몸에 붙어 있는 인(燐)이 밤바다에서 불빛을 낸다. 생명체의 필수 원소 중 하나인 이 물질은 질소의 한 종류로 동물의 뼈나 물속에 있어 어두운 곳에서 빛을 낸다. 불빛의 밝기에 따라 물고기의 종류가 다르다. 밤에 움직임이 거의 없는 숭어나 농어의 불빛은 장작불이 타고 난 후 재가 마지막 남은 불씨를 감싸안아 꺼질 듯 말 듯 희미하다.

섬 어부들은 물고기를 대하는 마음이 순박하다. 그물에 걸려 올라오는 물고기를 보면 그들은 "어이 고맙네! 잘 살겠네!"라는 말을 했다. 뱃사람들이 만선에서 덩실덩실 춤을 추는 것도 물고기에게 감사하다는 마음이 담겨 있을 것이다. 살아 있는 생명체를 잡아야 하는 어부의 마음이 좋을 리 있겠는가. 돈을 사서 가족들을 먹여 살리려고 부득이 그래야 하니 고맙다는 말을 하지 않을 수 없었을 것이다.

그물을 선택할 때도 잡을 대상을 생각하고 그물코를 선택한다. 도다리나 가오리를 잡는 그물코는 어른 손의 한 뼘 정도가 되고, 볼락이나 게르치, 감성돔이나 쏨뱅이를 잡는 그물코는 그것의 절반이 된다. 그물을 만드는 재료 역시 옛날과 지금이 다르다. 전에는 면으로 만들어져 촉감이 부드러웠다. 물고기의 몸을 감싼 그물은 한겨울 밤 어머니가 손수 만들어 덮어 준 솜이불처럼 따뜻하게 느껴졌을 것이다. 고통 또한 덜했을 것이다. 차갑고 질긴 합성 재료로 만들어진 그물은 한 번 걸리면 살 속으로 파고들어 단숨에 온몸을 옥죄어 질식시킨다. 살이 찢겨 나가는 고통을 인간만이 느낄까. 그물이 잔인한 어구인 것은 사실이지만 잡아당겨도 끊어지지 않는 나일론 그물은 인간미라고는 눈곱만큼도 없다.

'물고기가 고통을 느낄까?', '물고기에도 영혼이 있을까?' 하는 의문을 가진다면 그것은 우둔한 질문일 것이다. 살아 있는 생명체라면 고통을 느끼는 것은 당연한 일이고 또한 영혼을 가지고 있는 것도 당연할 것이다. 다만 그 사실을 잊고 살 뿐이다.

물고기는 꼬리로, 지느러미로 소통한다. 계절에 따라 수천 km를 나침판 없이 이동해서 태어난 곳으로 다시 돌아올 수 있는 것은 그들만의 몸 말이 있기 때문이다. 물속을 자유롭게 유영할 때는 우아하게 움직이는 몸에서 나오는 지느러미와 꼬리의 절제된 움직임으로 한가하게 여가를 즐긴다. 동료들이 낚싯바늘이나 그물에 걸려 고통스러워할 때, 아무것도 할 수 없는 무력감을 느낄 때는 울분의 불빛을 뿜어내기도 한다.

섬사람들은 신성하다고 여기는 자연물에 소원을 빌고 의지한다. 어머니는 돌담 울타리를 단단히 감싸고 있는 담쟁이덩굴 뿌리에 정화수를 떠 놓고 비손했다. 새벽마다 정성 들여 비손하는 것은 물고기를 잡으러 나간 아버지의 무사 귀환을 빌었겠지만 물고기의 희생에 감사하는 마음도 있었을 것이다.

물고기의 죽음이 낭비라고 생각해서는 안 된다. 그들의 죽음이 인간을 먹이고 바다를 살찌게 한다. 부드럽고 탐스러운 물고기 몸에 의존하지 않고 살아갈 수 있는 생명체가 있을까. 물고기의 죽음이 사람에게는 밥상이 되고 자연의 생물체에게는 목숨줄이 된다.

물고기들은 희생만을 강요하는 인간에게 관심받지 못하는 생물에 불과하지만 촘촘하게 그물 짜듯 엉켜 공생의 의미를 깨닫게 해 준다. 물고기는 죽음을 언제든 맞이할 수 있다는 초연함을 알처럼 품고 다닌다. 고래힘줄같이 끈질긴 생명의 사슬을 지켜 왔다.

어화는 자신을 태워 어둠을 밝혀 내는 촛불처럼 이타적이고, 스승의 은혜를 갚기 위해 불전에 헌신하려고 자신의 몸을 바친 등신불처럼 지구의 생명체들에게 아낌없이 몸을 내어놓는다. 심해에서 떠오르는 모래알처럼 작은 불빛이 하나하나 모여 또 다른 탄생과 공생에 기여한다. 그 불빛은 날카롭지도 고독하지도 죽음의 냄새가 나지도 않는다. 넉넉하게 만물을 품어 안는 상생의 빛인 셈이다.

어화가 켜진다. 우련한 눈빛들. 주검이 하나둘 그물에 걸려든다. 해초들은 물고기들의 혼을 달래 주느라 머리를 풀어 살풀이를 한다. 철썩거리는 파도는 장송곡을 부른다. 검은 바다는 하얀 파도로 수의를 만들어 입고 어화의 마지막 길을 배웅한다. 그 불빛은 소멸과 생성의 끝없는 순환 고리를 엮어 낸다.

- 2022년 한국문화예술위원회 아르코 발표 지원 선정 작품 -

관점

숨이 붙어 있는 생명체들은 울기도 하고 웃기도 한다. 슬플 때 울고, 고통스러울 때 울고, 기뻐도 운다. 운명 때문이든, 환경 때문이든 이런 감정이 치밀어 오르면 사람이나 동물이나 매한가지다.

맴맴 찌르르, 시끄럽게 우는 매미 소리가 나를 연구실 밖으로 내몰았다. 5층 일어과 교수님 연구실 문을 노크했다. 그는 일본인 특유의 공손함으로 나를 맞아준다. "교수님은 시끄럽게 우는 매미 소리를 어떻게 견디세요?" 하고 물었더니 그는 분주하게 차를 준비하면서 무덤덤하게 대답했다. "나는 매미가 운다고만 생각하지 않습니다. 노래하는 것이죠. 한국 사람들은 동물이나 곤충이 크게 소리를 내면 운다고 하지만 일본에서는 그렇게 생각하지 않습니다. 그들도 우리 인간들처럼 슬픈 일이 있고 기쁜 일도 있겠죠." 그는 연방 미소를 지으며 말을 이어 갔다. "일본에서는 매미가 우는 것이 아니라 노래를 하는 것이라 합니다."

정말! 귀를 막고 싶은 저 악다구니 같은 절규를 노래라 한다? 자기들의 계절이 왔다고 노래하는 것일까?

매미 소리를 들으면서 저 소리를 노래라 한다. 나라마다 사람마다 대상을 보고 느끼는 관점이 다르구나 하는 생각이 머리를 두들긴다. 왜 동물이나 곤충이 소리를 내는 것을 운다고만 생각했을까. 음악은 슬프기도 하고 신나기도 한다. 고음으로 부르는 소프라노나, 상청으로 고음을 내는 판소리, 진양조장단으로 노래하는 것을 동물이나 곤충들이 들으면 즐겁고 아름답게만

들릴까? 인간이 고통스러워 절규하는 소리로 들릴까?

매미라고 어떻게 울기만 하겠는가. 평생 울면서 살다 간 부모 매미들에 이어 자식들까지 대대손손 그렇게 울기만 하다가 한 세월을 다 보낸 것은 아닐 것이다. 자기들의 계절인 여름이 와서 기쁘다며 노래하는 것이고, 땅속에서 칠 년 사는데 지상에선 한 달만 살다가 이승을 떠나야 하는 거부할 수 없는 운명을 절대자에게 항거하는 소리일 것이고, 대를 이을 짝에게 보내는 사랑의 노래일 것이다.

차를 마시는 동안 매미는 한결같이 중모리장단의 빠른 호흡으로 쉬지 않고 노래를 부르고 있다. 작은 생명체가 시간과 에너지를 한 가지 일에 온전히 바치는 것을 어떻게 자기 운명에 대한 한탄일 거라고만 단정 지을 수 있을까. 며칠 동안 살아 있다는 것을 표현해 내야 하는 존재들이다.

운림산방(雲林山房)

세월을 견뎌 온 그림에 생명이 있을까? 선과 점, 형태와 색깔로 되어 있지만 분명 살아 숨 쉬게 하는 무엇이 있다. 기운생동(氣韻生動)하게 하는 것이 무엇일까?

전남 진도에 있는 조선 시대 남종화의 대가 소치(小痴), 허련(許鍊)이 살았던 생가를 찾았다. 세계에서 유일하게 일가 직계 5대 화맥이 200여 년 동안 이어지고 있는 곳이다. 운림산방은 허련 선생님이 1856년 49세에 한양 생활을 그만두고 고향인 이곳으로 돌아와 거처하며 그림을 그리던 화실 당호다. 첨찰산 주위에 수많은 봉우리가 어우러져 있는 산골에 아침저녁으로 피어오르는 안개가 구름 숲을 이루었다고 해서 붙여졌다.

고서화를 연구하는 학자들은 옛 그림을 감상하려면 "대상에 집중하라."라고 조언한다. "마음이 동반되지 않은 감상은 겉모습만 보는 행위에 그친다."라고 말한다. 대상에 마음을 집중하고 텅 빈 상태로 보고 있는 대상을 채워 본다. 마음을 비우는 것도 힘이 들고, 채우는 것도 힘이 든다.

2세기 된 소치의 노송도(老松圖) 앞에 선다. 노송의 그림자가 달빛에 흔들린다. 마치 이무기가 꼬리로 바닷물을 치며 하늘로 승천하는 듯이 살아 움직인다. 몸피를 둘러싸고 있는 노송의 껍질은 마치 이무기의 거친 비늘이 매끈한 옥색으로 탈피하려는 듯 사지를 뒤틀어 털어 내고 있는 형상이다. 곧게 뻗지 못하고 옹이진 가지는 첨철산 계곡을 활공하며 흐른 세월을 움켜잡으려 했던 날카로운 독수리 발톱 같다.

괴석도(怪石圖)는 소치 화백이 즐겨 그렸다. 바위는

시대를 막론하고 흔한 소재라 보는 사람들에게 특별한 관심을 끌지 않지만 억겁의 세월 동안 만들어져 변치 않는 존재감이 있다. 돌은 겉보기에 거칠고 흉하게 보이지만 속은 변하지 않는 무엇이 있다. 옛 화가들은 강직하고 변하지 않은 돌의 성질을 본받고자 괴석도를 좋아했다. 인간이 바위에 벽화를 그렸을 때부터 변하지 않은 바위의 가치를 추앙해 온 것처럼 말이다.

동양의 옛 그림 속에 자연의 소재인 소나무, 바위, 매화, 대나무 등은 그저 눈으로 보는 객관적인 자연이 아니다. 그것들은 자연인 동시에 인간이며, 자연의 위대함을 지닌 사람의 모습이다.

예술은 자신을 낳아 준 모태인 자연을 닮는다. 글과 음악과 그림이 형제처럼 닮고 어울리는 것이 당연하지 않은가? 그뿐이겠는가! 흙을 밟고 살아가는 사람, 동물, 식물은 성질도, 모양도 닮아 있다. 성질과 모양을 그림 속에 옮겨 가는 예술가의 붓 끝에 실려 있는 기(氣)가 살아 있어서다.

선과 점으로 그려진 옛 그림 속 자연은 관찰 대상에 그치지 않고 인간의 성품이나 덕성과 연관해서 해석해 왔다. 시대를 초월하여 그림을 살아 움직이게 하는 힘은 자연과 인간이 한 몸이 되는 물아일체(物我一體)인 마음으로 그린 덕분일 것이다.

몸으로 생각하기

사람은 몸을 움직여 어떤 일을 처리하고 난 후에야 그것을 인지할 때가 있다. 또한 자각하지 않은 상태에서 몸의 느낌을 알게 될 때도 많다. 몸으로 생각하는 것은 근육의 움직임, 자세, 균형, 접촉을 느끼는 감각에 의지한다. 사람들은 대부분 자각하지 않는 상태에서 몸의 느낌을 안다.

피아니스트들은 근육이 음표나 소나타를 기억한다고 말한다. 그들은 손가락에 이 기억들을 저장한다. 그것은 마치 배우들이 몸의 근육 속에 자세와 몸짓의 기억을 저장하는 것과 같다. 생각하기 위해서 근육의 움직임과 긴장, 촉감 등을 떠올릴 때 비로소 '몸의 상상력'이 작동한다. 이런 상상력이 작동할 때 몸은 생각한다.

들길을 산책할 때 '몸으로 생각'하는 경험을 하는 경우가 종종 있다. 엉겅퀴 앞에 설 때 내 근육은 마치 뜯겨 나가는 듯한 느낌이 들어 소스라치게 움찔거린다. 내 몸의 모든 감각들에 의해 바람에 흔들리는 엉겅퀴의 날카롭고 뾰족한 가시들은 몸뿐만 아니라 정신도 꼼짝 못 하게 한다.

'몸으로 생각하기'에서 고유수용감각은 상상력에 있다. 로댕의 〈생각하는 사람〉을 '생각하는 사람'으로 만들어 주는 것은 벌거벗은 남자의 긴장감 주는 자세에 있다. 바위 위에 앉아 생각에 빠져 있는 그의 머리, 찌푸린 이마, 벌어진 콧구멍, 앙다문 입술만이 아니다. 그의 팔과 등과 다리의 모든 근육, 움켜쥔 주먹, 오므린 발가락에 드러난 생생한 근육의 움직임 하나하나가 생각 중임을 나타낸다.

보스턴 교향악단의 지휘자 오자와 세이지는 지휘를

“몸 전체를 가지고 ‘음악의 형상’을 춤으로 표현하는 일”이라 했다. 지휘자는 격렬하고 역동적인 지휘를 통해 정념과 동작을 소리에 녹여 낸다. 악기 연주자들은 ‘몸의 상상력’으로 연주한다. 음악가들이 활용하고 있는 근육의 느낌이나 육체적인 감각, 손 기술, 머릿속 연주 등으로 말이다. 화가는 선과 색으로, 작가는 대상을 글로 묘사해 낼 수 있다.

쇠를 다루는 대장장이조차 몸으로 생각한다. 철공소에서 한때 쇠를 다루었던 나는 쇠를 보면 다양한 상상력이 발동된다. 구리는 부드러워서 누구라도 함께라면 성격이 온순해지고, 황동은 단단하지 못하고 물러 언제든지 찾아가는 이웃이나 친구와 같고, 강철은 의지 굳은 사람의 성격을 가지고 있어 늘 든든함을 갖게 한다. 작가는 쇠의 종류를 보고 이런 상상력을 몸으로 할 수 있다.

물질에 대한 감각이나 촉각은 손 지식에 크게 좌우된다. 손 지식이란 이를테면 나사를 얼마나 조여야 제대로 조인 것이며, 얼마나 돌려 깎아야 적당한 나사선이 만들어질 것인지를 아는 지식을 말한다. 또한 손 지식은 나무나 쇠를 부러뜨리지 않고 얼마나 구부릴 수 있는지, 또 유리를 녹여 붙이거나 볼 수 있는 시점이 언제인지도 가늠하게 해 준다. 이런 지식은 책에 쓰여 있지 않다. 몸으로 직접 해 보며 이를 습득할 도리밖에 없다.

근육과 촉각, 몸으로 생각하기는 '사고하는 것이 느끼는 것이 되고, 느끼는 것이 사고하는 것'이 된다. 육체적으로 불편해질 때 우리는 문제가 있다는 걸 안다. 문제를 해결하게 되면 몸이 편안해진다. 단순히 해냈다는 감정이 아니라 얼굴에 미소가 피어나고, 웃음이 터져 나오는 몸의 말 말이다.

작가는 이런 감정을 수시로 느껴야 한다. 좋거나 싫을 때 느끼는 감정, 행복감이나 비애감을 느낄 때 마음은 실제로 내장에 연결되고, 내장은 다시 마음이나 근육과 통하게 된다. 마음과 몸은 하나가 되는 것이다. 고유수용감각적 사고의 가장 놀라운 점은 그것이 우리 자신의 몸에만 국한되지 않는다는 점이다. 그것은 다른 사람 혹은 다른 사물에 대한 우리의 느낌까지 확대할 수 있다.

몸과 대상을 일체화시키는 것은 다른 예술 분야에서도 해당된다. 예후디 메뉴인은 "위대한 바이올린은 생명이 있는 것이고 바이올리니스트는 그 바이올린의 일부이다."라고 했다. "연주를 할 때 나의 몸은 일종의 청각적 지능이 된다. 즉 나 자신으로부터 독립되어 완벽하게 조율되고 연주되는 악기가 되는 것이다. 그것은 바이올린과 몸이 하나가 되어 '순수한' 음성이 된다."라고 그는 말했다.

크기나 목적에 상관없이 특정한 사용 기술이 필요한 모든 도구에는 사람들의 몸 감각이 투사되는 경우도 있다. 건설 노동자들이 중장비와 교감한다는 얘기도 있다. "마음을 비우고 아무 생각도 안 하고 있으면 굴삭기는 내 팔의 연장이 됩니다. 나는 장비의 일부이고, 장비는 나의 일부입니다."라고 이야기하는 것은 놀랍다.

바람집(緝)

그것은 어디에도 없지만 어디에도 있다. 그것이 죽어 있는 것에 닿으면 마치 생명을 불어넣은 것처럼 살아난다. 냄새에 몸을 싣고, 억새를 악기 삼아 노래한다. 숨 쉬는 모양 없는 생명체. 그것은 어디서 오는 걸까?

대지가 씨앗을 품어 싹을 틔우는 것처럼 구름 속 어딘가에 은밀히 풍(風)의 싹을 틔워 낸다. 갓 태어난 바람은 구름에 맺힌 이슬방울을 먹고 자란다. 걸음마 하는 바람은 흔적을 남기는 법을 스스로 배우고, 기류 타는 법도 배운다. 서툰 탓에 돌풍을 일으키는 실수를 종종 저지르지만 그런 경험을 통해 자신을 통제하는 법을 배운다.

물, 흙, 공기, 불이 만들어 내는 결정체는 바람이다. 4원소들의 끝없는 대화에 빠질 수 없다. 공기처럼 눈에 보이지 않지만, 공기와 다르게 물성을 가진 것을 통해 자신의 존재감을 드러낸다. 바람은 인간의 대화에도 끼어든다.

바람은 사람의 본성을 닮았다. 태어날 때는 어린아이처럼 순하지만 뜨거운 공기와 차가운 물과 어울리면 괴팍한 성질을 갖는다. 대지를 할퀴고, 물어뜯고, 부수고, 비틀어 성한 것이 없다. 잠자고 있는 바다를 깨워 무수한 생명을 앗아 가기도 한다. 그가 저지른 패악은 누구도 말릴 수 없다. 스스로 성질을 죽일 때까지 기다려야 한다.

선한 바람은 온화한 성품을 지닌 사람처럼 너그럽다. 땅이 갈라지는 가뭄이 오면 바람은 비를 모셔 오고, 들판에 널려 있는 수많은 종의 식물이 대를 이어 가도록 씨앗을 부지런히 곳곳으로 실어 나르며 동물과 인간이 살아갈 수 있는 생태계를 만들어 준다. 작은 빗방울이 일으키는 공기의 미세한 움직임으로 실바람을 만들어 내기도 한다. 바람 한 줄기 없는 망망대해에 멈춰 선 돛단배를 움직이게 해 달라는 뱃사람들의 치성도 외면하지 않는다.

바람은 계절에 따라 색깔, 모양, 냄새, 소리로 존재감을 드러낸다. 봄바람은 녹색 천을 온몸에 두르고, 오방색으로 화장을 하고, 버선발을 내딛는 것처럼 조신하게 걸어온다. 여름 바람은 판소리의 휘모리장단처럼 사람의 정신을 훅 빼놓고 한낮의 무료함을 달래 주기도 한다. 가을바람은 둥글다. 삶의 모난 부분을 끝없이 부딪쳐 일상을 성찰하게 한다. 겨울바람은 처마 밑에 얼었던 고드름처럼 날카롭지만 살의(殺意)가 없다. 바람은 어떤 물상을 만나느냐에 따라서 모양이나 색, 맛과 냄새와 소리가 달라진다.

바람은 사람이 사는 곳이면 어디든 찾아간다. 경주 양동마을 골목을 쓸면서 꼬리를 달고 가는 작은 회오리바람이 흙담 울타리를 넘나들면서 이 집 저 집을 기웃거린다. 담 틈새에 숨어 있는 집안의 소소한 이야기에 귀 기울인다. 한옥의 맞배지붕에서 추녀를 타고 바깥어른이 머물며 손님을 맞이했던 사랑채 대문을 기척 없이 들어선다. 빗장거리에 붙어 있는 해묵은 손때에서 하얀 두루마기를 걸치고 하룻밤 묵어가는 손님을 배웅하고 돌아서는 주인장의 넉넉한 웃음을 바람은 읽어 낸다.

초가집 사립문을 넘어선 바람은 노릇하게 구워지고 있는 전 부치는 부엌 문간에서 잠시 쉬어 간다. 들기름을 넉넉히 두르고 부쳐 낸 동태전과 녹두전 냄새를 등에 태우고 마을을 한 바퀴 휘돌아 온다. 그 냄새가 하도 뾰족해 동네 사람들의 침샘을 괴롭힌다. 추석이라며 밥 짓는 냄새는 또 어떤가? 찰지고 달달한 냄새를 머금은 쌀밥을 한 숟갈 입안에 넣고 흐뭇해하는 노인장을 보면서 바람은 다시 활공할 힘을 얻는다.

바람은 반상 동네 앞에 멈춰 선다. 몇 가닥 되지 않는 수염을 만지작거리면서 한 뼘 정도밖에 되지 않은 서안(書案)을 끼고 앉아 있다. 집안 식솔들이 끼니를 거르지만 양반 체면에 농사를 지을 수 없단다. 바람은 소작농 담도 까치발로 슬쩍 엿본다. 아침부터 저녁까지 가족들이 굶을세라 부부가 들판으로, 저잣거리로 짚신에 먼지가 일도록 뛰어다닌다. 가난하지만 부지런히 살아가는 소작농의 마당을 쓸고 가는 갈바람은 흐뭇한 미소를 머금은 채 다른 싸리나무로 얽어맨 나지막한 담을 가볍게 넘어 다른 시공을 향해 떠난다.

바람은 남쪽 섬들 해수면에 잠시 내려앉아 쉬었다 갯가로 내달린다. 해변에 잠자고 있는 돌무더기 사이를 지나면서 간지럼을 태우고 벼랑바위 틈에 뿌리를 내리고 있는 해송(海松) 하나하나를 전라의 몸으로 끌어안는다. 그 바람은 칼날 같은 절벽의 모난 바위의 끝에 부딪혀 비명 소리를 내면서 바다로 추락한다. 수직으로 낙하하는 신음 소리를 내는 생명체는 바다와 일체가 된다.

한때 내 속에서 헛바람 날갯소리가 들렸다. 친구는 사람들이 대접받는 사회를 만들고 싶어 했다. 정치를 해 보고 싶으니 조직을 만들어 달라고 부탁했다. 학교 연구실을 자기 사무실처럼 드나들었다. 내 허파에 들어간 바람이 달콤했는지, 친구의 부탁이 절실했는지 알 수 없었다. 둘은 가슴에 헛바람이 찰수록 명예욕이 불타고 허세만 늘어 갔다. 퇴근길에 전화 한 통을 받았다. "자네 오늘부터 일 그만두게." 해고 통보였다. 내 헛바람이 컸던 것이었을까. 바람이 빠지고 우정에 대해 생각해 보는 데 꼬박 2년이 걸렸다.

무슨 바람이냐에 따라 사람이 달라진다. 청소년들이 일으키는 바람은 서풍 불 듯 청명하다. 그 바람에 어떤 색깔을 입히고 모양을 낼지가 기대된다. 어른들이 일으키는 바람은 마파람처럼 탁하다. 많이 가지고 싶어 하는 물욕, 낮은 곳에 있는 것을 못마땅해하는 명예욕, 도리에 어긋나는 일이지만 얼굴 표정 하나 변하지 않는 뻔뻔함에서 나오는 바람이다. 노년의 바람은 폭풍이 지나간 후 잔잔히 불어오는 섯갈 같다.

만물집에 바람이 분다. 그 집에 바람은 어떤 색을 입힐지, 모양을 만들어 낼지, 맛을 낼지, 소리를 낼지, 냄새를 풍겨 낼지는 집주인인 자신에게 달려 있다. 바람의 집은 땅에도 있고, 하늘에도 있고, 사람에게도 있다.

이달의 문제작 작품론

지역성의 극복과 수필 문학의 새로운 가능성

허상문(문학평론가, 영남대학교 명예교수)

들어가며

각 지역의 문학은 나름의 지역적 성격을 지니며, 이것은 지역 문학의 특성을 구성하게 된다. 일반적으로 지역 문학이란 지역의 종합적 이미지, 사상, 정서를 표현하는 지방 문학을 지칭한다. 따라서 지역 문학에는 특정 지역에 거주하는 사람들에게서 통용되는 감정 공간의 자연적이고 풍습적인 문화가 내재해 있다.

내적으로 추구할 만한 진정한 삶의 가치가 무엇인가를 질문하고 답해야 한다. 그리하여 수필 문학은 욕망과 이기심으로 가득한 타락한 세상에서 우리가 어떻게 살아야 하는가에 대한 인간의 근원적 삶의 윤리를 체험하게 된다. 이는 작가들의 관심을 반영하는 일련의 사태 속에서 자신의 처지와 환경에 대한 복합적이고 다성적 목소리를 전 지구적, 세계적 체험으로 제시함으로써 구현될 수 있다. 특히 오늘날의 수필은 많은 경우 일상적 개인적 체험에 매몰되어 있어 많은 독자는 낯선 세계가 가져다주는 시대와 장소를 초월하는 보편적 인간 가치에 대한 체험에 목말라하고 있다. 새로운 세상에 대한 깊고 넓은 서사적 체험 없이 이러한 독자의 갈증을 만족시키기란 쉽지 않은 일이다.

오늘날 우리 문학에서 가장 활발한 움직임을 보이는 영역은 수필 분야이다. 그러나 수필 문학이 안고 있는 내용과 형식상의 구조적 한계는 여전히 극복되지 못하고 있는 실정이다. 수필 문학 특유의 문예지 중심의 문학 생산 구조는 많은 수필 작가들이 수필 창작에 주력하고 있음에도 불구하고 우수한 작가들의 자유로운 창작 가능성을 제한하고 있다. 수필 문학에 대한 현재의 관심과 애정이 장기적 추세로 이어지려면 해결되어야 할 문제점과 과제는 한두 가지가 아니다. 여기서 이에 대한 구체적 논의는 이 글의 범위를 벗어나는 것이지만, 거칠게나마 우리 수필의 세계화의 가능성은 지역 작가의 창작 인식의 전망 확대, 문학 창작을 위한 지속적이고 과감한 투자, 훌륭한 수필 문학 번역자의 양성, 출판 영역에 대한 네트워크 구축과 확장 등이 무엇보다 중요하다.

어쨌든, 이 글에서는 지역 문학 혹은 지역성의 주제를 지닌 이치운의 〈어부의 유택〉을 읽으면서 단편적이나마 수필 문학의 새로운 발전 가능성을 모색해 보고자 한다.

이치운의 〈어부의 유택〉

〈어부의 유택〉은 바다의 섬에서 아버지의 유택을 찾는 과정을 그리고 있는 작품이다. 아버지는 생전에 유택을 마련하기 위해 부지런히 발품을 팔았다. 불편한 몸을 동백나무 지팡이에 의지하고 섬 곳곳을 다녔다.

바다의 섬 소리도 대부분 절벽이고 바위투성이여서 묏자리를 찾기란 쉽지 않았다. 섬에서 가장이 해야 할 일은 험하고 많다. 집안의 험한 가사 노동, 절벽을 끼고 있는 벼랑 밭에 거름을 주어 농사짓는 일, 섬의 박토를 가꾸어 밭으로 만드는 일이 모두 예사로운 일이 아니다. 포구에 해가 떠오르기 시작하면 갯벌은 밤새 입고 있던 해무 옷을 벗고 부드러운 잔물결과 햇살에 반사된 잔잔한 수면이 천천히 모습을 드러낸다.

누구에게나 "집은 생명과 영혼의 공간이다. 살아 있는 사람에게 집이 있듯 죽은 사람에게도 집이 있다." 죽음을 경험해 본 적이 없는 사람이 자기 죽음을 준비하기란 불가능하다. 자신의 장례식을 상상하며 들어가 누울 관을 직접 짜는 사람이 삶에 대한 애착을 얼마나 내려놔야 죽음을 공포가 아닌 삶의 과정으로 생각할 수 있을까. 그러한 삶과 죽음의 과정은 바로 바다에 담겨 있다. 작가에 의해 그려지는 바다의 모습은 이렇다.

해무는 밤사이 작은 배를 지키기 위해 보초 임무를

다하고 흩어지는 유령들처럼 갯벌 속으로 은밀히 사라져 간다. 갯벌 깊숙이 박혀 있는 폐선은 모진 해풍과 바닷물에 삭혀 버린 선체를 훌훌 벗어 버리고 용골과 뼈대만 남아 있다. 어선도 거친 바다를 평생 누볐고 가족의 생계를 지켜 준 동반자다. 노수부는 이 어선을 한눈에 볼 수 있는 곳을 찾은 것이다. 아버지는 자유롭지 못한 발을 절뚝이면서 가파른 비탈길을 올라 거친 땅을 다듬었다.

작품에서 노수부로 상징되고 있는 아버지는 유택의 터를 다듬으면서 섬 곳곳에 눈길을 준다. 어부로 사셨던 아버지는 칠십 평생을 하루하루의 일과를 더듬어 유택을 위한 나무와 돌을 찾았을 것이다. 바다에서 아버지의 삶은 흡사 삶 이후의 주검을 누일 유택을 마련하는 것과 같았다.

바다에서의 삶이란 어차피 죽음과의 대면이다. 삶과 죽음의 투쟁을 연속하며 살아가는 것이 바다의 삶이다. 그리하여 아버지가 유택이 들어설 터를 신중히 물색했던 것처럼 언젠가 때가 오면 맞이하게 될 죽음을 준비한 것인지 모른다.

〈어부의 유택〉에서 바다와 섬이라는 지역성은 일차적으로는 장소와 공간이라는 의미를 지니는 곳이다. 이런 장소와 공간은 독자의 일차적 시선을 끄는 지역 이미지가 설정된 곳이다. 작가는 문학적, 회화적 이미지를 표출할 수 있는 곳으로서의 장소를 다양하게 묘사하고 있으며, 이는 작품에서 등장하는 자연적 환경, 즉 섬, 바다, 바람으로 나타난다. 특히 섬의 공간은 바다와 긴밀한 공간이다. 작가는 섬과 바다를 자기 삶의 터전으로 육화한다. 이러한 자연적 지리적 환경은 사람들의 삶의 토양이면서 동시에 죽음의 터전이다. 그래서 〈어부의 유택〉에서 작가는 이런 지역적 환경을 텍스트로 표현함으로써 삶과 죽음의 보편성에 대한 질문을 던진다. 이것은 닫힌 문학 세계가 아니라 삶과 죽음이라는 열린 문학으로 나아가고자 하는 특성을 이루게 된다.

파도는 노수부의 이승에서 마지막 길을 배웅하려고 점잖게 하얀 상복을 입었다. 아버지를 유택에 모시는 날 꽃상여를 멘 젊은 뱃사람들과 섬은 노수부의 죽음을 슬퍼하지 않았다. 그들은 평소 아버지가 자주 찾던 호리병 포구를 돌면서 망자가 누워 있는 관을 메고 배가 파도를 타고 넘는 듯 둥실둥실 춤을 추었다. 먼바다에서 날아온 갈매기들이 합창하듯 노래하고, 해풍이 불어와 상여에 매달려 있는 종이 봉황을 더 높이 날게 했다. 갯벌도 감추었던 비린내를 한껏 품어 냈다. 뱃사람들과 갈매기와 해풍과 갯벌은 꽃상여가 유택으로 가는 길이 엄숙할 필요가 없다고 생각했을까.

아버지의 주검을 담은 꽃상여가 유택으로 갈 때도 아들은 슬퍼하지 않았다. 유택으로 정한 아버지의 속마음을 잘 알기 때문이다. 작품에서 인간과 바다는 생존의 의미와 더불어 훌륭한 조화를 이룬다. 바닷속에서 치열하게 살아가는 노수부의 이야기는 바다와 생존의 의미를 일깨우는 역할을 한다. 이는 흡사 서양 문학에서의 《노인과 바다》와 〈백경〉 같은 작품을 연상시킨다. 《노인과 바다》의 노인처럼 〈어부의 유택〉에서도 노수부는 삶과 죽음, 창조와 파멸을 동시에 보여준다. 몸은 만신창이가 되도록 지쳤고, 물고기는 뼈밖에 남지 않았지만, 노인은 위대한 '인간 승리'를 한 것이다. 《노인과 바다》에서 노인은 인간이 패배하도록 창조된 게 아니다. 인간은 파멸당할 수 있을지언정, 패배할 수는 없다고 말한다. 마찬가지로 〈어부의 유택〉에서 노수부는 바다에서 삶과 죽음의 의미를 동시에 일구어 내며 바다에서 삶과 죽음은 공존한다. 노수부는 생동하는 바다에서 삶과 죽음을 함께 읽는다. 포효하고 묵언하는 바다. 물과 바람 속에서 아득한 세월의 흐름을 바다는 담고 있다.

작가들에게서 바다는 생명의 원형으로 상징되면서 깊은 의미를 지닌다. 바다는 삶의 원형적 심상을 환기한다. 그리하여 바다는 끈질긴 생명의 원천이자 생명력의 자양인 자궁의 의미를 문학적 차원의 표상으로 보여 주는 이야기들이 펼쳐진다. 〈어부의 유택〉에서처럼, 그 깊은 바다와 섬에서 사람들은 몸을 맡길 유택을 찾기 위해 요동치는 바다 한가운데로 나아가고 있다.

개성과 작가 정신을 갖춘 훌륭한 작품을 쓴다는 것은 제한된 개인과 집단의 차원에서 벗어나고 그것을 초월한 보편성의 기초 위에 선다는 것을 의미한다. 그럼으로써 그 작품은 시간과 공간을 넘어서 초시대적으로 오랫동안 존재할 수 있게 된다. 이런 특성을 지닌 작품이야말로 바로 지역성의 한계를 넘어 세계 문학이 될 수 있는 가능성을 향해서 나아갈 수 있게 된다.

맺으며

오늘날 문학은 다른 어떤 학문이나 예술보다도 유동적이고 가변적인 성격을 지닌다. 작금의 문학 창작과 연구는 엄청난 속도로 진화하면서 문학과 문화 그리고 언어 모두를 포괄하는 거대한 학문으로 나아가고 있다. 따라서 앞으로 문학 창작과 연구의 모든 면에서 국제화 시대에 문학의 특수성과 보편성을 동시에 고려하면서 그 외연을 넓히고 깊이를 더해 가야 할 것이다.

그런 의미에서 우리의 수필 문학도 제한된 지역성

과 일상성을 넘어 새로운 단계로 나아가야 할 것임이 분명하다. 그러기 위해서는 우선 수필 문학이 진정한 독창적 정신이 어떤 것인가를 위한 깊은 사색이 필요하다. 이제까지 수필 문학은 지나치게 일상성과 지역성에 빠져 폐쇄적인 동어 반복의 논리에 집착해 왔다. 이제 수필 문학은 더 깊고 넓은 삶의 현실에 관심을 가질 수 있는 인간과 역사의 특수성과 보편성을 총체적으로 밝힐 수 있는 문학으로 변모해야 한다. 그러기 위해서는 진정한 인간과 역사, 역사와 세계의 의미를 규명하고자 하는 노력이 필요하다.

최근 들어 문학의 지역성과 세계화를 위한 문제는 한국 문단에서 여러 모습으로 제기된 바 있다. 이 글의 기본적 의도도 바로 그러한 문제 제기의 연장선에 있다. 이제 수필 문학의 특성과 가치를 새롭게 재조명하는 일은 곧 우리 문학 속에서 수필 문학의 정체성을 새롭게 설정하는 일과도 맥락을 같이하는 것이다. 앞서 살핀 이치운의 〈어부의 유택〉은 지역 문화 혹은 지역성의 한계를 넘어서 인간 존재와 삶의 보편적이고도 세계적인 주제를 구현하기 위한 노력을 하는 작품이라 할 수 있다. 이런 논의는 단순히 수필 문학의 지형학을 궁리하는 일일 뿐만 아니라 수필 문학의 미래를 새롭게 재창조하기 위한 예비적 성격을 갖는 것이라는 점을 강조한다.

- 《수필과비평》 2022.6 제248호 -